教师教育系列教材

U0662611

小学传统文化经典导读实践教程
(微课版)

华云松　孔　锴　王　晔　主编

清华大学出版社
北　京

内 容 简 介

　　本书是高校小学教育专业的选修课程教材，以小学传统文化教育为背景，介绍了小学传统文化经典教学的内容与方法，既可以为后继相关传统文化教育课程的学习打下基础，也有利于帮助学生掌握小学传统文化教育的相关知识，培养和训练学生展开相关教育、教学活动的基本能力。

　　本书针对小学教育专业学生的特点，采用案例式教学方式编写，注重知识与实践的结合，具有"结构严谨，表述简洁，案例生动"的特点，既强调文化背景、文献常识和基本教学技能，又注重激发、培养学生的创新能力。本书的教学大纲、PPT教学课件等相关资源免费开放下载，可以满足教师及学生的教学需求。多维度的教学环境适应了课程的知识性、实践性、应用性的特点，适合培养当下所需的应用型人才。

　　本书适合作为高等师范院校小学教育专业及相关专业传统文化经典教育类课程的学生用书或教学参考书，适合作为小学传统文化教育专职、兼职教师的教学参考书，也可作为家长了解小学传统文化教育的阅读书籍。

图书在版编目(CIP)数据

　　小学传统文化经典导读实践教程：微课版/华云松，孔锴，王晔主编. —北京：清华大学出版社，2021.4(2024.1 重印)
　　教师教育系列教材
　　ISBN 978-7-302-57704-1

　　Ⅰ. ①小…　Ⅱ. ①华…　②孔…　③王…　Ⅲ. ①中华文化—教学法—小学—师资培训—教材　Ⅳ. ①G623.202

　　中国版本图书馆 CIP 数据核字(2021)第 050090 号

责任编辑：陈冬梅
装帧设计：刘孝琼
责任校对：吴春华
责任印制：刘海龙

出版发行：清华大学出版社
　　　　　网　　　址：https://www.tup.com.cn, https://www.wqxuetang.com
　　　　　地　　　址：北京清华大学学研大厦 A 座　　　邮　　编：100084
　　　　　社 总 机：010-83470000　　　　　　　　　邮　　购：010-62786544
　　　　　投稿与读者服务：010-62776969, c-service@tup.tsinghua.edu.cn
　　　　　质量反馈：010-62772015, zhiliang@tup.tsinghua.edu.cn
　　　　　课件下载：https://www.tup.com.cn, 010-62791865
印 装 者：三河市铭诚印务有限公司
经　　销：全国新华书店
开　　本：185mm×260mm　　　印　　张：10.25　　　字　　数：204 千字
版　　次：2021 年 5 月第 1 版　　　印　　次：2024 年 1 月第 2 次印刷
定　　价：38.00 元

产品编号：088423-01

前　言

　　党的十九大报告指出：中国特色社会主义文化，源自中华优秀传统文化，熔铸于党领导人民创造的革命文化和社会主义先进文化，植根于中国特色社会主义伟大实践。习近平总书记强调：中华优秀传统文化是中华民族的突出优势，是我们在世界文化激荡中站稳脚跟的根基。实现中华民族的伟大复兴，必须与时俱进地传承和弘扬中华优秀传统文化。高等院校的小学教育专业以培养适合时代发展、胜任基础教育工作、具有学习与创新能力的小学一线教师为教育目标，应切实地将继承与弘扬中华优秀传统文化融入教育工作之中，以贯彻党的文化方针政策，落实立德树人的根本任务。

　　"小学传统文化经典导读"是沈阳大学师范学院小学教育专业的专业选修课，其前身是"小学国学启蒙导读"课程。该课程开设于 2009 年，至今十年有余，开设的目的是服务于日渐科学化、系统化的小学传统文化教育。该课程的教学没有可供借鉴的成熟课程范例，完全是在教学实践中逐步摸索、构建起来的，本书的编写即是对这十余年来教学经验的系统归纳与总结。在本书的具体编写中，力求体现以下三个特点。

　　一是形成系统。当前的小学传统文化教育采用了大量的文化经典，涉及经、史、子、集各部分内容，故形成教材结构编排的系统性是第一要务。本书在介绍传统文化热的兴起与小学传统文化教育概貌的基础上，选取与小学传统文化教育密切相关的四书、《老子》与《庄子》、古代蒙学读物、古典诗词四类经典构建教材主体。同时，又从经典概要、文本研读、教育实践三个角度展开主体部分教学，力求将文化经典文本与小学教育实践相融合，系统地呈现小学传统文化教育对文化经典的编选与教学情况。

　　二是选取文本。传统文化经典传承历史悠久，原典版本众多，注释的解读者层出不穷。又由于传统文化教育在社会各个层面的普及，传统文化典籍和相关的诵读教材、音像制品与网络课程也大量问世。面对如此丰富、复杂的文本群，如何从中选取经典文本、如何选取适合于小学教育的注释本与解读本，是摆在小学传统文化教育面前的一个新课题。本书在编写中注意突出文献原典的出处，也提供了一些相关的注解本，希望能对这一问题的解决有一些帮助。

　　三是突出实践。本书属于实践教程，故在编写中并未对传统文化经典做详尽的学术性阐释与研读，而是凸显了小学对传统文化经典的编选与教学情况。在教程各章的开端均设计了导入案例，在第二章至第五章设专节，介绍具有典型性的教学案例，并对案例进行了教学分析，提出了相应的教学建议。可以说，在教材整体设计上是以案例贯穿始终的。同时，在经典诠释与研读中，注意与小学《语文》统编本新教材相对接，并突出相关的小学传统文化教育实践，以服务于教材编写与课程教学的专业性特点。

从教材编写人员构成来看，不仅有课程主讲教师作为主力，而且有教育、教学方面的专任教师和小学一线优秀教师参与其中。孔锴老师是"教育学"的专任教师、教授，王晔老师是"小学语文课程与教学论"的专任教师、副教授，朱辉老师、张萌萌老师、张梓明老师、姜淼老师、赵桂玲老师都是小学一线的优秀教师，他们的加入为本书的编写提供了专业保障。

本书的具体编写分工如下：

全书编写：华云松

学术顾问：孔锴

教学案例策划与指导：王晔

教学案例撰写：朱辉、张萌萌、张梓明、姜淼、赵桂玲、华云松、谭艳秋

微课录制：张萌萌、张梓明、姜淼、赵桂玲、李全宇、马岚、华云松

感谢沈阳市实验学校(小学部)的张瑾校长和杨军副校长、沈阳市沈河区文化路第二小学的王涛校长，他们为本书的编写提供了宝贵的资料。感谢沈阳大学师范学院邹茹莲院长对本书编写工作的大力支持。感谢清华大学出版社的编辑为本书的出版做了大量细致的工作。最后，向编者所在的沈阳大学、参编教师以及所有提供资料和建议的老师们一并致以诚挚的谢意！

本书适合作为高等师范院校小学教育专业及相关专业传统文化经典教育类课程的学生用书或教学参考书，适合作为小学传统文化教育专职、兼职教师的教学参考书，也可作为家长了解小学传统文化教育的阅读书籍。

编　者

目　　录

第一章　绪　　论

学习目标

➤ 了解相关的课程背景。

➤ 理解课程的学习目标与方法。

➤ 掌握国学的概念和小学传统文化教育概况。

重点与难点

国学的概念　小学传统文化经典诵读概况

导入案例

修己安人　贵和尚中
——沈阳市实验学校(小学部)传统文化教育成果展示

辽宁省沈阳市实验学校(小学部)在"和谐 扬长"教育思想的引领之下，立足传统文化课程适合性建构，围绕社会主义核心价值观，坚守中国文化立场，传承中华文化基因，汲取中国智慧，弘扬中国精神，传播中国价值，不断增强中华优秀传统文化在学校内的生命力和影响力。

多年来，学校传统文化教师团队针对实验学生的特点，依托"常规课堂、一班一品、重大仪式、传统节日"，紧扣"中华传统美德"和"中华人文精神"，有针对性地开发了"极美诗文品读课程""优美水墨品情课程""雅美乐府品赏课程""最美霓裳品鉴课程""最爱五谷农耕课程""最爱杏林青囊课程""最美笑容礼仪课程"的"三美四最"优秀传统文化课程体系，以培养学生"天下兴亡、匹夫有责"的担当意识，"精忠报国、振兴中华"的爱国情怀，"崇德向善、见贤思齐"的社会风尚，"孝悌忠信、礼义廉耻"的荣辱观念，体现评判是非曲直的价值标准，潜移默化地影响学生的行为方式。

近年来，沈阳市实验学校(小学部)先后被评为"全国首届中华优秀传统文化教育百佳实验学校、中华孝道研究基地、中国未成年人网脉工程实践基地、辽宁省未成年人思想道德建设示范学校、沈阳市未成年人思想道德建设测评工作十佳学校"等多项殊荣。

沈阳市沈河区文化路第二小学王涛校长访谈录

2018 年 9 月，笔者对辽宁省沈阳市沈河区文化路第二小学（以下简称"文化二小"）的王涛校长进行了访谈。该校近年来不仅确立了"德孝文化"的教育实践体系，而且注重将传统文化教育落到实处。现将部分访谈内容节录如下。

笔者：王校长，文化二小设置了"德孝文化"实践教育体系，以切实传播中国优秀传统文化为己任，您作为这一教育体系的开创者与组织者，能否介绍一下相关的情况？

王涛校长：我校实行的"德孝文化"教育体系，是受《孝经》《道德经》等传统文化经典启发而建立的。我校以"孝"为德育的突破口，在此基础上建立了一套以常规课程为主体、以课外活动为辅助的实践教育体系。这一教育体系的构建从 2010 年开始酝酿，在 2014 年左右开始逐步实施。其具体内容包括：平时在语文、思想品德等课程教学中浸润孝行文化；每天早晨校长带领全校同学分享《弟子规》的精华思想；每天下午学生诵读《道德经》；每月组织师生到养老院慰问老人；定期举行全校诵读国学经典、纪念文化先贤的大型活动；定期举行以"德孝文化"为内涵的学生演讲比赛、作文大赛；定期举行全校教师茶文化体验课程；定期在家长讲堂中对家长宣讲国学等，使"德孝文化"深入学校教育工作的方方面面。

笔者：从 20 世纪末到 21 世纪初，曾有很多小学在传统文化教育中将《弟子规》作为经典诵读教材，贵校却将其灵活安排为每日早晨的"校长分享"内容，您能详细介绍一下吗？

王涛校长：每天早晨 7:40—8:00 是我校的分享时刻，在这个时间里，我会在学校广播中以《弟子规》中的精华思想为蓝本，向学生们分享一些人生哲理、教育思想等。我认为《弟子规》让学生朗读、背诵都不难，但难在将其中的思想精华——有利于当今时代精神文明建设的内容——融入学生的生活实践中。因此，我每天选取《弟子规》中的精华思想，与学生的学习、生活密切结合，通过校园广播给全校学生做深入浅出的分析讲解。比如昨天正值 2018 级新生入学，我亲眼看到高年级的同学在没有老师、家长叮嘱的情况下，主动帮助新生领路、拿书本等学习用具，体现了对新同学的友爱。今天早晨在"分享时刻"，讲到《弟子规》中的"兄道友，弟道恭"时，我就把昨天那几位主动帮助新生的同学请到了广播间，请他们和全校师生分享帮助新同学的感受。

笔者：通过您的介绍可以体会到，文化二小重在把传统文化教育与学生的学习、生活密切结合，引导学生将传统文化的精华学以致用。

2019年9月27日，在辽宁省沈阳市第八届中小学纪念孔子诞辰暨中华优秀传统文化研究成果交流展示会上，沈阳市实验学校(小学部)的杨军副校长做了关于本校传统文化教育的会议报告，本书将其作为第一则导入案例。第二则导入案例节选自笔者在2018年9月对沈阳市沈河区文化路第二小学的王涛校长所做的专访。两则案例产生于2018年9月至2019年9月，从不同的侧面反映了近年来沈阳市小学传统文化教育取得的成果。

沈阳市实验学校(小学部)的传统文化教育具有理念明确化、课程体系化的特点，尤其是"三美四最"优秀传统文化课程体系的构建，涵盖了传统文化中的文学、绘画、音乐、服饰、农耕、中医、礼仪七大方面，教学内容丰富，课程体系严谨。沈阳市沈河区文化路第二小学则形成了具有个性化特色的"德孝文化"实践教育体系，并将"德孝文化"渗透到常规教学、学生课外活动、教师素养提升、家长教育培训等各个方面。尤其每日早晨的校长《弟子规》分享时刻，更是将经典诵读与学生的学习、生活、实践相结合，将传统文化教育落到了实处。

以上案例呈现了小学传统文化教育取得的可喜成果，其中对古诗文、《孝经》、《道德经》、《弟子规》等传统文化经典的教学占有相当大的比重。可见，传统文化经典是小学传统文化教育的重要内容。在师范院校小学教育专业(以下简称"小教专业")，应对传统文化经典如何解读？怎样服务于小学传统文化教育实践？这需要先对当代传统文化的勃兴有宏观上的了解，对小学传统文化教育概况有一定的把握，并对本门课程的学习目标与学习方法有明晰的认识。

第一节　传统文化热与国学概念的讨论

从20世纪90年代开始，传统文化热迅速席卷全国，"国学"一词也曾一度流行与普及。这一文化现象深刻地体现了国人对传统文化的认同与回归，对实现中华民族伟大复兴的梦想与热望。本书即在这一文化背景下产生，并随着时代的发展不断地得以丰富和完善。

一、传统文化热的兴起

传统文化热兴起于20世纪90年代，在产生伊始被称为"国学热"，"国学"一词至今仍在一定程度上使用。

传统文化热兴起于 1993 年。1993 年 3 月，袁行霈主编的《国学研究》(第一卷)由北京大学出版社出版。8 月 16 日，《人民日报》刊登了毕全忠的文章，题为"国学，在燕园又悄然兴起——北京大学中国传统文化研究散记"。文章指出："中国传统文化是中华民族伟大智慧和创造力的结晶"，"深入地探讨中国传统文化，对繁荣社会主义新文化，提高中国人的自尊心、自信心，增强民族凝聚力等，都是一项基础性工程"，"把对中国传统文化的研究尊为'国学'，并无不当"。①8 月 18 日，《人民日报》又发表了"久违了，'国学'"，赞扬北京大学展开国学研究的见地和气魄。10 月中旬，由北京大学学生会率先发起，校内百家学生社团积极响应，联合组织了"国学月"活动。该活动共举办了 15 次讲座，2 次研讨会。11 月，中央电视台、《中国青年报》先后对北京大学的"国学月"等活动做了纪实报道。有学者指出："在北大和北京发生的这一切，在传媒的积极参与下，被外界和海外自然地视为一个正在中国内地兴起的'国学热'。"②

国学热的兴起引起了各方的关注，学术界对此文化现象看法不一，褒扬与否定者兼而有之。季羡林先生认为："当前的问题的核心是人与自然的问题"，"应从中国传统的伦理思想中去寻找灵感"。③汤一介先生认为：要"真正把中国传统文化放在整个世界文化发展的总趋势中来考察，使中国文化的真精神和现时代的时代要求接轨，这将是中国文化走出困境，得以复兴的唯一出路"。④也有学者对弘扬优秀传统文化加以充分肯定的同时指出："过分张扬'国学'的结果是在文化保守主义的氛围下出现了不少消极的社会文化现象。"⑤

2004 年至 2005 年是传统文化热兴起的第二个重要阶段，不仅一些专家学者呼吁对中华优秀传统文化进行弘扬，而且举行了首次全球联合祭祀孔子的活动。2004 年，著名学者蒋庆编订的《中华文化经典基础教育诵本》(以下简称"《诵本》")丛书出版，该丛书共 12 册，收录了传统学术中的经学、子学、理学和心学内容，其编选目的是"惟愿吾中华儿童手持一编读之读之再读之，而他日君子之国、大同之世，必在此琅琅读书声中冉冉而起也"⑥！围绕着蒋庆编选的《诵本》及其主张的儿童经典诵读产生了一场大争论，争论主要围绕着两个主题展开，一是读经与文化保守主义之争，二是儿童读经运动的合理性之争。⑦另一重大事件是 2004 年 9 月 5 日，在"2004 文化高峰论坛"闭幕式上，由著名学者许嘉璐、杨振

---

① 梁涛，顾家宁. 国学问题争鸣集(1990—2010)[M]. 桂林：广西师范大学出版社，2010：4.

② 陈来. "国学热"与传统文化研究的问题[J]. 孔子研究，1995(2)：4-5.

③ 季羡林. "天人合一"方能拯救人类[J]. 哲学动态，1994(2)：27.

④ 梁涛，顾家宁. 国学问题争鸣集(1990—2010)[M]. 桂林：广西师范大学出版社，2010：26.

⑤ 方克立. 要注意研究 90 年代出现的文化保守主义思潮[J]. 高校理论战线，1996(2)：32.

⑥ 胡晓明. 读经：启蒙还是蒙昧？——来自民间的声音[M]. 上海：华东师范大学出版社，2005：3-5.

⑦ 胡晓明. 读经：启蒙还是蒙昧？——来自民间的声音[M]. 上海：华东师范大学出版社，2005：39-151.

宁、季羡林、任继愈、王蒙发起，70 位论坛成员共同发布了《甲申文化宣言》。该宣言主张：每个国家、民族都有权利和义务保存和发展自己的传统文化；都有权利自主选择接受、不完全接受或在某些具体领域完全不接受外来文化因素；也有权利对人类共同面临的文化问题发表自己的意见。该宣言又指出：中华文化注重人格、注重伦理、注重利他、注重和谐的东方品格和释放着和平信息的人文精神，对于思考和消解当今世界个人至上、物欲至上、恶性竞争、掠夺性开发以及种种令人忧虑的现象，对于追求人类的安宁与幸福，必将提供重要的思想启示。①这一宣言明确体现了对弘扬中华优秀传统文化的肯定。

2005 年传统文化热进一步升温，具有突出代表性的两大事件分别为高校国学院的成立和祭祀孔子活动。2005 年 5 月 29 日，中国人民大学正式宣布决定成立国学院，展开国学专业的教学研究和人才培养工作，并聘请著名红学家冯其庸担任院长。这一事件引发了国学在现代中国的地位、作用以及对"五四"新文化运动批判传统的评价等问题的争论，《新京报》还发表了"人大成立国学院"系列讨论文章。之后，在 2005 年 9 月 28 日孔子诞辰 2556 周年纪念日，全球首次联合祭祀孔子活动在世界各地的孔庙同时举行。中央电视台与海内外多家电视台合作，联合推出了大型直播特别节目"2005 全球联合祭孔"，中央电视台新闻频道进行了长达四个小时的直播。②

从上述传统文化热的发展历程可见，弘扬民族优秀传统文化是共识，但在弘扬的原则、标准、内容、措施等各方面一直存在着争议。2017 年 10 月 18 日，习近平总书记在中国共产党第十九次全国代表大会的报告中为弘扬优秀传统文化指明了方向。该报告指出："中国特色的社会主义文化，源自于中华民族五千多年文明历史所孕育的中华优秀传统文化，熔铸于党领导人民在革命、建设、改革中创造的革命文化和社会主义先进文化，植根于中国特色社会主义伟大实践。"在培育和践行社会主义核心价值观的过程中，要"深入挖掘中华优秀传统文化蕴含的思想观念、人文精神、道德规范，结合时代要求继承创新，让中华文化展现出永久魅力和时代风采"。③该报告充分肯定了中华优秀传统文化是中国特色社会主义文化的源头，在弘扬中华优秀传统文化的过程中，要以培育和践行社会主义核心价值观为标准，深入挖掘其中蕴含的思想观念、人文精神与道德规范，同时要注意结合时代要求继承并创新，体现出中华文化的时代特色与永久的生命力。十九大报告肯定了中华优秀传统文化的地位、价值，指出了弘扬中华优秀传统文化的目的、原则，为当代弘扬中华

---

① https://baike.baidu.com/item/甲申文化宣言/12770014?fr=aladdin.

② 徐友渔. 当代中国社会思想：国学热和文化保守主义[J]. 社会科学论坛，2006(2)：68-73.

③ 习近平. 决胜全面建成小康社会 夺取新时代中国特色社会主义伟大胜利[N]. 人民日报，2017-10-28(1).

优秀传统文化指明了方向。

在传统文化热勃兴的过程中，还出现了大量的相关文化现象，如将清明节等传统节日设定为法定假日，出版大量综合性中国文化研究刊物、中国文化类丛书，媒体播出《百家讲坛》《中国汉字听写大会》《中国成语大会》《中国诗词大会》《中国戏曲大会》《经典咏流传》等传统文化类节目等。需要注意的是，在传统文化勃兴的过程中，"国学"一词一直存在并曾引起过大量的争论，与其相应的"国学热""国学教育"等概念也是屡屡出现。那么，何为"国学"？国学与传统文化的关系是什么？这需要先对"国学"的概念加以厘清。

二、关于国学概念的讨论

"国学"一词最早可以追溯到《周礼》，其《春官宗伯》记载："乐师掌国学之政，以教国子小舞。"汉代郑玄注释为："谓以年幼少时教之舞。"[①]此处的"国学"是指周王朝设立的国立学校，由乐师向年幼的儿童教授舞蹈。又有《礼记·学记》记载："古之教者，家有塾，党有庠，术有序，国有学。"唐代的孔颖达将"国"注释为："天子所都及诸侯国中也。"[②]此处的"学"与地方学校的塾、庠、序并列，"国学"是指周王朝设立的国家级学府。从上述两例可见，国学一词在产生伊始指的是国家级学校，其概念内涵明确，并不需要讨论。

关于国学概念的第一次讨论是在清末至民国时期。章太炎曾在1906年指出："夫国学者，国家所以成立之源泉也。吾闻处竞争之世，徒恃国学固不足以立国矣。而吾未闻国学不兴而国能自立者也。""故今日之国学之无人兴起，即将影响于国家之存灭，是不亦视前世为尤岌岌乎？"[③]正是在这种爱国情怀的感召下，19世纪末至20世纪初，在黄遵宪、章太炎、梁启超、邓实等著名学者的推动下，"国学"一词在中国逐渐传播开来，以区别于代指外来文化之"新学""外学"等概念，服务于半封建半殖民地中国的文化自救。但是，当时"国学"的概念阐释并不统一。如邓实认为：国学是"一国所有之学"，"与有国而俱来，因乎地理，根之民性，而不可须臾离也"。蔡尚思认为：国学是"一国的学术"，"其在中国，就叫作中国的学术"，其范围是无所不包的。[④]胡适认为：国学是"国故学"

① 清·阮元校刻. 十三经注疏[M]. 北京：中华书局，1980：793.

② 清·阮元校刻. 十三经注疏[M]. 北京：中华书局，1980：1521.

③ 章人英. 华夏文明圣火薪传(第1卷)[M]. 上海：上海三联书店，2015：1.

④ 章人英. 华夏文明圣火薪传(第1卷)[M]. 上海：上海三联书店，2015：1-2.

的缩写，研究一切过去的历史文化的学问，就是"国故学"，简称国学。①章太炎在《国学略说》中，从小学、经学、史学、诸子、文学五个角度阐释了国学。②马一浮则认为："今先楷定国学名义，举此一名，该摄诸学，唯'六艺'足以当之。"③钱穆认为："学术本无国界。'国学'一名，前既无承，将来亦恐不立。特为一时代的名词。其范围所及，何者应列国学，何者则否，实难判别。"④总之，这一时期对国学概念的讨论涉及来源、功能、内涵等层面，但并未形成统一的概念界定。

关于国学概念的第二次讨论始于 20 世纪 90 年代，并一直延续至今。伴随着全社会对中华传统文化的重视，国学一词再次引起了学术界的关注，并对其来源、内涵、外延、功用等各个方面加以讨论。在概念界定方面具有代表性的观点如下。

20 世纪 90 年代初，张岱年在《国学丛书》的序言中指出：国学是中国传统学术的简称，包括哲学、经学、文学、史学、政治学、军事学、自然科学、宗教、艺术等。其中自然科学有天文、算学、地理、农学、水利、医学等，其中最发达的是医学。⑤2005 年，王富仁提出了"新国学"的概念，将现、当代文化也纳入国学之中，旨在构建一个包括民族语言体系、民族知识体系和民族思想体系在内的学术整体。⑥2007 年，季羡林提出了"大国学"的概念，指出："中国文化是中国五十六个民族共同创造的，这五十六个民族创造的文化都属于国学的范围。而且后来融入中国文化的外来文化，也都属于国学的范围。"⑦从以上三例可知，国学的概念随着时代的发展而不断得以扩充，对其概念的界定也就愈发困难了。

从两次关于国学概念的大讨论来看，中国传统的国学概念在近代产生了语义的中断与转移，其内涵在近代与当代的不同时代语境下不断发展，至今并无明确统一的界定。陈来对近代以来的"国学"概念从三个角度加以总结：一是西方文化在近代输入以前中国固有的学术形态的文化，即中国传统学术；二是中国传统文化，其外延要大于中国传统学术；三是近代以来我国学者对传统学术与传统文化所做的研究体系。文化界一般情况下所说的"国学热"，实际上是传统文化热，即"国学"概念在第二种意义上的使用。⑧该总结对国学概念的界定比较全面，同时也明确指出：在当代特定的语境下，"传统文化"与"国学"

① 章人英. 华夏文明圣火薪传(第 1 卷)[M]. 上海：上海三联书店，2015：2.

② 章太炎. 国学略说[M]. 上海：上海文艺出版社，2001.

③ 刘梦溪. 到底什么是国学[J]. 北京观察，2014(11)：68.

④ 钱穆. 国学概论[M]. 上海：商务印书馆，1931：1.

⑤ 张岱年，等. 国学今论[M]. 沈阳：辽宁教育出版社，1991：1-2.

⑥ 王富仁. "新国学"论纲[J]. 社会科学战线，2005(3)：110.

⑦ 季羡林. 国学应该是"大国学"[J]. 紫光阁，2007(8)：61.

⑧ 陈来. 北京·国学·大学[M]. 北京：北京大学出版社，2012：107.

存在概念上的重合。

那么，什么是传统文化呢？"传统"是指世代相传的具有特点的风俗、道德、思想、作风、艺术、制度等社会因素。[①]"文化"则是指人们在社会历史实践过程中所创造的物质财富和精神财富的总和，并特指精神财富，如教育、科学、文艺等。[②]可见，传统文化是指世代相传的、人们在社会历史实践过程中所创造的物质与精神财富的总和，并特指精神财富。刘梦溪的解释更为形象，他认为："传统文化包括浩如烟海的文本典籍、地上地下的文化遗存，以及民间艺术、民间礼俗等非物质文化遗产，它们是我们祖先的智慧结晶。"[③]按照上文陈来对国学概念的三重解释，如果从第一个、第三个角度来看，国学概念的内涵与外延远小于传统文化的概念，若从第二个角度来看，则两者的概念重合。本书借鉴陈来关于国学概念的第二个阐释角度，将"传统文化"与"国学"这两个概念等同，除特殊语境外，一律表述为"传统文化"。

第二节　小学传统文化教育概貌

一、小学传统文化教育的发展历程

随着传统文化热的兴起，传统文化教育在社会各个层面广泛开展起来，小学传统文化教育是其中的一个分支。从20世纪90年代至今，小学传统文化教育大致经历了三个主要的发展阶段。

第一个阶段是20世纪90年代初。1994年，台中师范大学语教系王财贵教授在中国台湾发起读经运动，倡导儿童教育从读经开始，主张利用13岁以前人生记忆的黄金时期，诵读中国乃至世界的一切文化经典作品。这一倡导得到了南怀瑾、杨振宁等诸多有识之士的推动，儿童读经活动在全国乃至北美、东南亚的华人社会迅速展开。据统计，至2001年8月，北京、上海、天津、南京、武汉、深圳等地至少有120多万儿童先后投身于读经活动，武汉、南京等地甚至一度出现青少年读经热。[④]儿童读经活动自开展以来，得到了来自社会各界的广泛支持，著名学者蒋庆、南怀瑾、任继愈、郭齐勇、黄济、杨振宁等纷纷著文加

---

① 汉语大词典编辑委员会. 汉语大词典(第1卷)[M]. 上海：上海辞书出版社，1986：1625.
② 汉语大词典编辑委员会. 汉语大词典(第6卷)[M]. 上海：上海辞书出版社，1990：1515.
③ 刘梦溪. 国学、传统文化与当代教育[N]. 中国文化报，2018-12-9(4).
④ 胡晓明. 读经：启蒙还是蒙昧——来自民间的声音[M]. 上海：华东师范大学出版社，2005：14.

以大力推动；一些研究者从默会知识理论、儿童思维同化说、新传统教育流派等角度论证了儿童读经之合理性；市场上出版的儿童经典诵读本更是品类繁多、层出不穷。当然，也不乏反对之声，认为儿童读经有碍于儿童本位教育；属于文化保守主义，不能引领儿童；13 岁之前读经只背不讲是伪科学等。但总体来看，还是赞成者居多，认为儿童读经有利于传承中国传统文化、有利于提高儿童的道德素质与学习能力、有利于开发儿童的潜能。

第二个阶段是 21 世纪的头十年。这一时期小学在传统文化经典诵读的基础上，逐渐形成了多角度渗透传统文化的教育模式。以沈阳皇姑区、深圳宝安区、青岛莱西市、成都青羊区为例，这些区(市)均是在当地教育局的引导下，在现有教育体制基本不变的情况下，以语文新课程改革和地方课程开设及中小学德育改革为契机，选取了部分传统蒙学和儒家、道家的经典文献，在课堂上以现代教学方式进行讲解传授，并要求学生每天对这些经典进行十到二十分钟的诵读，以提升学生的文化底蕴、语文水平和道德素养。同时还将传统文化教育渗透到书法、手工、音乐、绘画等课程中，并作为德育资源长期地承续下来。这种做法开始于 2004—2005 年，到了 2008 年，各地通过互相学习借鉴，逐渐形成了基本相同的教育模式。如 2008 年，沈阳市皇姑区各小学在教育局的带领下，通过国学教育巡礼活动，加强对校长和教师的培训，初步形成了以早自习诵读为基础、以校本课程和思想品德课程为主渠道、以特色活动为载体的皇姑区教育模式，并加以推广普及。[1]深圳数百所中小学提出的"新六艺国学启蒙教育行动方案"也较为典型。该方案包括诗、礼、书、画、武、乐六方面的教育，"诗"包括四书五经、历代散文、诗歌辞赋、格言对联等；"礼"指传统道德，包括忠孝、诚信和礼仪等方面；"书"指书法；"画"指国画和剪纸、手工编织等民间艺术；"武"指中华传统武术；"乐"指中华传统民乐、戏曲、相声等。[2]可见，这一时期的小学传统文化教育已经在经典诵读的基础上有了进一步的发展，形成了在学科课程、校本课程、特色活动等形式中渗透传统文化精神的教育模式。

目前，小学传统文化教育已经步入第三个阶段。随着党中央《完善中华优秀传统文化教育指导纲要》《关于实施中华优秀传统文化传承发展工程的意见》等文件的颁布，从政策角度确立了传统文化教育的重要地位，小学传统文化教育研究与实践日益向纵深发展。较有代表性的研究成果如"十二五"教育部规划课题《传统文化与中小学生人格培养研究》，该课题在课程规划、培养设计、教学资源、教学评价等各方面均有建树。各地教育部门、各级学校也对中小学传统文化教育活动展开了进一步的实践性探究。以辽宁省沈阳市为例，

---

① 中国人民大学国学院，光明日报国学版. 年度国学 2008[M]. 北京：首都师范大学出版社，2009：237-238.

② 钟其鹏. 新时期国学教育述评[J]. 钦州学院学报，2008(1)：79.

2014 年，沈阳市教育研究院德育研究室整体架构了"两化一德"的中小学德育研究工作思路，并以此为起点，把中华优秀传统文化作为立德树人的重要载体，开展"两化一德"教育，实行文化育人。"两化"是指：中华优秀传统文化、沈阳市地域文化，"一德"是指公民道德实践教育。围绕"两化一德"，在沈阳市中小学传统文化教育工作中采取"三步走"，夯实"三推进"。"三步走"即：第一步以中华优秀传统文化教育为切入点，实施"一课一节"，打造两个精品项目；第二步以沈阳市地域文化为切入点，实施"一校一品"，打造非物质文化遗产特色校园；第三步以公民道德实践教育为切入点，实施"一事一议"，开展公民道德实践活动。"三推进"即传统文化课程的常规教学推进，围绕传统节日的主题活动推进，设立优秀传统文化教育基地的试点基地推进。[①] 可见，在相关教育部门的指导下，沈阳市的小学传统文化教育工作已经形成了整体性格局，并切实地在各个小学有计划、有步骤地深入推进。

此外，全国传统文化进课堂教学研讨会、中小学传统文化骨干教师培训等活动也在逐步展开，对中小学传统文化教育具有指导、促进作用。

二、小学传统文化经典诵读

小学传统文化经典诵读是小学传统文化教育的重要组成部分，随着传统文化教育的深入开展，在诵读内容的选择、诵读方法的应用、学生评价的层级构建等方面均取得了长足的进步。

(一)诵读内容的选择

传统文化经典内容广博，涉及哲学、经学、文艺、史学、政治学、军事学、宗教、天文、算学、地理、农学、水利、医学等诸多层面。小学开展传统文化经典诵读，首先面临的是对经典内容的选择。到目前为止，主要出现了以下两种不同的选择角度，体现了不同的儿童传统文化经典教育理念。

1. 重视儒家文化，将儒家文化典籍作为唯一的诵读内容

2004 年，蒋庆编选的《中华文化经典基础教育诵本》[②](以下简称"《诵本》")曾引起

---

① 沈阳市教育研究院，沈河区教育研究中心. 第八届沈阳市中小学纪念孔子诞辰暨中华优秀传统文化研究成果交流展示会会议手册，2019.9.27.

② 胡晓明. 读经：启蒙还是蒙昧？——来自民间的声音[M]. 上海：华东师范大学出版社，2005：4-13.

学术界的激烈争论。从小学传统文化经典诵读的角度来看，《诵本》最大的特点是将儒家文化典籍作为小学生诵读的重要内容，也是唯一的内容。现将其中有关小学生诵读的篇目与安排加以整理后罗列如下。

一年级上学期(第一册)：《孝经》《诗经》选(上)。共六十二课。

一年级下学期(第二册)：《诗经》选(下)。共六十二课。

二年级上学期(第三册)：《书经》选。共七十四课。

二年级下学期(第四册)：《礼记》选。共七十二课。

三年级上学期(第五册)：《易经》选。共七十七课。

三年级下学期(第六册)：《春秋》选。共七十四课。

四年级上学期(第七册)：《论语》选、《大学》选、《中庸》选。共七十课。

四年级下学期(第八册)：《孟子》选、《荀子》选。共七十九课。

五年级上学期(第九册)：《春秋繁露》选、《中说》选。共七十三课。

五年级下学期(第十册)：《通书》选、《近思录》选、《二程遗书》选、《象山全集》选。共八十课。

六年级上学期(第十一册)：《朱子语要》《朱子全集》选。共八十六课。

六年级下学期(第十二册)：《传习录》选、《阳明全集》选。共八十九课。

蒋庆在《诵本·前言》的《编订宗旨》中介绍，《诵本》的编订，是为了给所有的中国人提供一个了解中华文化经典的最基本的教程。同时，今天中国的儿童，正是明天中华文化伟大复兴的担当者，故编订的直接目的，是给中国所有的儿童提供一个诵读中华文化经典的最基础的教本。可见，蒋庆编订《诵本》的初衷是为了中华传统文化的传承，尤其是为了儿童能够担负起传承中华文化的责任。从《诵本》编选的文献典籍来看，篇目有 21 种之多，且均为古代儒家文化中的重要经典。在小学低、中学段，学生主要诵读"五经""四书"，在高年级学段侧重于程朱理学，又有《孝经》、董仲舒学说、王通学说、陆九渊学说等其他内容，包含了中国传统儒家学术中的经学、子学、理学与心学。蒋庆强调，《诵本》所选均是中国古代学校中长期使用的教材，在中国教育史上具有权威性。同时，小学生诵读完十二册《诵本》，可以按照时间顺序系统地感受几千年来的中华文化经典，长大后就可以系统地了解中国文化发展与演变的历程。

2. 重视中国乃至世界的传统文化，诵读内容体现多元化特征

由绍南文化编订、厦门大学出版社出版的"儿童中国文化导读"丛书则体现了对传统文化经典的兼收并蓄。该丛书秉持王财贵的教育理念，主张儿童在 13 岁之前应广泛诵读中国乃至全世界的文化经典。从中国传统文化经典编选来看，至 2004 年，该丛书共发行了十二册儿童诵读本，并按照王财贵的建议安排了经典的先后顺序，这十二册分别为：《学庸论语》《老子庄子选》《唐诗三百首》《孟子》《诗经》《易经》《书礼春秋选》《古文选》《诗歌词曲选》《佛经选》《孝弟三百千》和《中医养生启蒙》。其中《大学》《中庸》《论语》《孟子》《诗经》《易经》《尚书》《礼经》《春秋》采用清代阮元校刻的《十三经》注疏本，《论语》同时参考程树德的集释本；《老子》据《四部备要》明华亭张氏本，《庄子》采用郭庆藩集释本；其他内容均为王财贵选编。这十二册诵读本既包括儒家的四书五经，也包括道家的《老子》《庄子》、佛家的《佛经选》，并以儒家经典为主、佛道经典为辅，呈现了中国传统文化中儒、道、佛三大思想体系。同时，该丛书还包括传统蒙学经典《孝经》《弟子规》《三字经》《百家姓》《千字文》《唐诗三百首》，古代文学经典《古文选》和《诗歌词曲选》，不仅体现了对蒙学读物的重视，而且涵盖了古代文学中诗、词、曲、文等各种文体的经典之作。尤其需要注意的是，该丛书将中医养生纳入儿童诵读的范围，体现了对古代自然科学中的中医的重视与传承，这一视角颇为独特。在《中医养生启蒙》中，编选了《黄帝内经》中著名的《素问》《灵枢》篇，另有《周身经穴赋》《药性赋·总赋》《保身要义》《摄生格言》《太极拳·拳经》《汤头歌诀》等，不仅涉及中医阴阳五行的基本理论，还包括经络学说、脏象学说、本草学说、汤药配伍、养生技艺等多方面内容。①总之，"儿童中国文化导读"丛书编选了古代哲学、文学、蒙学、医学的经典典籍，内容多元且涵盖面广泛，为儿童初步了解中国传统文化奠定了文献基础。

除了以上具有代表性的诵读本之外，各个小学也纷纷编订了传统文化经典校本教材，在内容的编选上也侧重于多元化，主要包括古诗词(以古诗为主)、儒家经典(以《论语》为主)、蒙学经典，也有的小学选择道家的《道德经》或史籍中的《史记》《战国策》或古代小说《世说新语》等内容，经典涵盖范围更广泛。

(二)诵读方法的应用

小学的传统文化经典诵读方法归纳起来主要有以下两大类型。

1. 传统诵读法

王财贵的儿童读经教育理念在小学传统文化经典诵读历程中具有奠基之功，在诵读方法上强调六个字："小朋友，跟我读"。这实际上采用的是传统诵读法，即突出教学中"读"

---

① 绍南文化. 中医养生启蒙(儿童中国文化导读之十)[M]. 厦门：厦门大学出版社，2004.

的重要性，而且采用的主要是教师领读、学生跟读的形式。

蒋庆在《诵本》中更具体地提出了四种诵读方法，分别为：系统日课诵读法、系统散课诵读法、自由选择诵读法、系统加速诵读法。系统日课诵读法是指每日一课，从第一册开始诵读，按顺序读完十二册《诵本》；系统散课诵读法也是从第一册按顺序诵读至第十二册，但在时间安排上可以每两日诵读一课，或数日诵读一课；自由选择诵读法是指任意选择某册或某篇指导儿童诵读；系统加速诵读法是指对记忆力超强的儿童可以一日诵读两课。蒋庆主张在诵读方法上应不拘一格：可以一日背两课，也可以两日背一课；可以按系统顺序诵读，也可以自由选择诵读。①这四种诵读方法在时间的安排上考虑要更周到，在教学中突出"读"与"背"的重要性，本质上仍属于传统的诵读法。

2. 多样诵读法

在传统诵读教学的基础上，一线教师对诵读教学方法进行了深入的探究与实践，并总结出了行之有效的具体方法。

(1) 快乐诵读法，即采用教师范读、带读、引读，学生之间对读、接龙读、齐读、赛读、自由读等各种形式的诵读。

(2) 不求甚解法，即不过分强调学生对所诵读的古代经典字字会解释，句句能分析，其特点是由浅入深，由易到难。

(3) 故事联想法，即在经典诵读中，教师引导学生讲述或教师直接讲述一些浅显易懂的小故事，使经典易学易懂。

(4) 音乐伴读法，即在诵读时播放乐曲，让学生或诵或唱，增强诵读的趣味性。

(5) 图画想象法，即将图画创作与诗词诵读相结合，如学习高鼎的《村居》一诗，在学生理解诗意后引导其大胆想象，人人画一幅"儿童放纸鸢"的图画，再展开比较、讨论与评比。

(6) 经典运用法，即学生将积累的经典名言警句运用到习作、日记、说话中，体现出自己对经典的理解与思考。②

还有教师主张将加德纳的多元智能理论应用到小学传统文化经典诵读中，根据每个学生的不同智能优势，因人而异地设计不同的诵读方法。如对有语言智能优势的学生，可通过诗文接龙、赛诗会、故事演讲、创编儿歌等形式，在读、背、诵、讲、赛、思等活动中展开经典诵读；对有音乐智能优势的学生，可将诵读的经典创编成歌舞剧节目，使学生在

---

① 胡晓明. 读经：启蒙还是蒙昧？——来自民间的声音[M]. 上海：华东师范大学出版社，2005：9-10.
② 于艳. 三主式经典诵读教学法[M]. 济南：山东人民出版社，2015：71.

吟唱表演中感悟经典意韵；对有视觉空间智能优势的学生，可通过绘画、拼图、迷宫游戏、动画等形式呈现诵读内容，让学生在视觉感受中诵读经典；对有肢体智能优势的学生，可将诵读内容创编成韵律操、武术操和跑步等的口令歌，或融入丢手绢、老鹰捉小鸡、跳皮筋、跳绳、玩沙包等课间游戏中，让学生在运动中进行经典诵读。①

(三)诵读评价的层级建构

在小学传统文化经典诵读的学生评价方面，一直有层级化的评价标准，而且标准的制定逐渐趋向于细致化、严谨化、合理化。

蒋庆在《诵本》中提出将儿童经典诵读评比活动分为三级：第一级，能够流畅地背完全部《诵本》十万字；第二级，能够流畅地背完六万字；第三级，能够流畅地背完三万字。评比活动由"中华孔子学会"组织专家进行评定，达到级别者发给"中华文化经典背诵级别证书"。②这种层级化评价标准的制定和级别证书的颁发，无疑会激发儿童诵读经典的热情。

在一些小学传统文化经典诵读校本课程中，对学生的诵读评价也采用层级化方式，并形成了一定的系统性。如有的学校推行国学经典诵读考级制度，根据学生的年龄和认知水平，把诵读考核内容分为六个学段，每一学段分别设立小秀才、小举人、小进士三个基础等级，小探花、小榜眼、小状元三个飞跃等级。如果各学段的学生能连续四个学期获得"诵读小状元"的称号，就可以在后两个学期获得"小先生"或"小考官"的资格。同时，还设立国学学士班、国学硕士班和国学博士班的集体等级。为了实现诵读成果衡量的等级化，有的学校还为学生建立了诵读晋级评价手册，包括学生风采(学生基本情况)、星光历程(各年度晋级情况)、学生自我评价、班级考核小组评价、教师评价、家长评价等内容。各个班级还设立了晋级展示榜、诵读之星等各具特色的栏目，以多样化的形式调动学生诵读经典的积极性。③这种学生发展性评价的实施，无疑使小学传统文化经典诵读评价体系的构建更加合理、完善。

第三节　学习目标与方法

《小学传统文化经典导读》课程植根于当代传统文化勃兴的时代土壤，是师范院校小学教育专业传统文化教育的重要组成部分。对师范生而言，本门课程的学习至少具有三个

---

① 陈守云. 多元智能发展达成有效诵读[J]. 中国教育学刊，2015(10)：101.

② 胡晓明. 读经：启蒙还是蒙昧？——来自民间的声音[M]. 上海：华东师范大学出版社，2005：12.

③ 田立君. 小学国学校本课程设计与开发的行动研究[M]. 长春：东北师范大学出版社，2015：183-185.

方面的意义：一是有利于促进对优秀传统文化精神的体悟与传承，二是有利于提升对传统文化经典的审美鉴赏能力，三是有利于培养师范专业素养。在学习过程中，如何体悟优秀传统文化经典，并对将来的小学传统文化教育工作具有启示性？这需要明确掌握学习本门课程的目标与方法。

一、学习目标

首先，立足马克思主义立场，传承中华优秀传统文化。中华优秀传统文化是中国特色社会主义文化的源头，是千百年来民族智慧的结晶。但是，传统文化经典内容丰富而复杂，具有深刻的宗法制社会烙印，精华与糟粕并存。在 20 世纪 90 年代传统文化热初兴的时候，就曾有人借"国学热"搞复古怀旧，宣扬封建迷信，宣传唯心主义和神秘主义。[①]之所以存在这种社会现象，就是由于不能站在唯物主义的立场上传承传统文化，错误地将唯心主义、封建迷信类思想糟粕一并宣扬，带来了消极的社会影响。习近平总书记指出："优秀传统文化是一个国家、一个民族传承和发展的根本，如果丢掉了，就割断了精神命脉。"中国共产党"是中华优秀传统文化的忠实传承者和弘扬者""要坚持马克思主义的方法，坚持古为今用、推陈出新，有鉴别地加以对待，有扬弃地予以继承""要本着科学的态度，继承和弘扬中华优秀传统文化，努力用中华民族创造的一切精神财富来以文化人、以文育人"。[②]因此，学习本门课程，要站在马克思主义的立场上，深入解读、深刻领悟传统文化经典，以科学的价值观弘扬传统文化。作为在马克思主义思想浸润下成长起来的一代新人，应在学习传统文化经典的过程中自觉秉持唯物主义立场，将传统文化精神融入学习、生活与未来的工作实践中，古为今用，继承并创新。因此，立足马克思主义立场以传承优秀传统文化，是学习本门课程的根本目标。

其次，从重视经典文献出发，深入体悟优秀传统文化。本门课程的学习应紧密联系小学教育工作的实际，重视对传统文化经典文献的学习。小学语文、思想品德、书法、美术、音乐、手工、体育等常规课程分别从语言、文学、品德、艺术、技能、体育等不同的角度对学生进行传统文化的熏陶，但传统文化经典原著极少。小学传统文化教育主要从校本课程，尤其是校本教材的编选中予以补足。如山东省济南市的大明湖路小学，将校本国学教材分为必读与选读两部分，必读内容以四书五经为主，选编了《论语》《孟子》《左传》

---

① 方克立. 要注意研究 90 年代出现的文化保守主义思潮[J]. 高校理论战线，1996(2)：32.

② 中共中央宣传部. 习近平新时代中国特色社会主义思想学习纲要[M]. 北京：学习出版社；人民出版社，2019：146-147.

《诗经》《荀子》《后汉书》《世说新语》的部分内容，选读内容则选自《庄子》《墨子》《战国策》《韩非子》《东坡志林》等。以上经典涉及古代哲学、文学、史学三个重要层面，对小学教师的经典解读能力提出了更高的要求。需要注意的是，在2019年秋季全面投入使用的小学《语文》统编本新教材中，也加大了对传统文化经典的编选力度。该套教材不仅从小学一年级就开始编选古诗，而且整个小学阶段共选入优秀古诗文124篇，比原有的人教版《语文》增加80%。选入的古诗文体裁也更加多样化，包括古风、民歌、律诗、绝句、词曲等诸多形式。①在当前小学传统文化教育的新形势下，应在本门课程的学习中重视对传统文化经典文献的学习，增强体悟的科学性、自觉性、深入性，为今后的小学教育工作做尽可能充分的准备。因此，从重视经典文献的角度出发，深入体悟优秀传统文化，是学习本门课程的一个重要目标。

第三，服务于小学传统文化教育实践。孔子曰："诵《诗》三百，授之以政，不达；使于四方，不能专对；虽多，亦奚以为？"（《论语·子路》）孔子认为，诵读《诗经》，目的是将其应用于政务处理、外交应对，如果不能将所学的内容学以致用，即使学得再多也是无用之功。学习传统文化经典也应注意这一问题，要在深刻体悟传统文化精神的基础上，切实应用于小学传统文化教育实践。以湖南省长沙市雨花区王家冲小学为例，该小学从2011年开始，全校每周每个班级都有一节国学课，教授《弟子规》《三字经》《千字文》《笠翁对韵》《论语》《大学》《中庸》《孟子》《老子》《庄子》《史记》《资治通鉴》等传统文化经典。该校由校长牵头组建了国学教研小组，与语文、数学等常规学科同等重视，并按教学常规管理，定期进行教案检查、教学研讨、教学评价，每月至少召开一次主题教研会议。②也有很多小学开展多样的传统文化教育活动，如打造以"读经典练书法"为主题的"书香墨趣中队"；组织学生收集中华优秀家教格言，开展"我的家风"征文比赛；开展诗词比拼与赏析活动，设计宫格题、线索题、飞花令等不同题型等。③丰富多样的传统文化教育活动要求教师能够灵活应用所学的传统文化知识，将优秀传统文化精神贯彻到教育工作中，引导小学生由传统文化之形悟传统文化之魂。因此，从学以致用的角度出发，服务于小学传统文化教育实践，是学习本门课程的另一重要目标。

---

① 温儒敏. 部编本语文教材的编写理念、特色与使用建议[J]. 课程·教材·教法，2016(11)：6.

② 张洪波，等. 如何真正培养出学生的中国思维[J]. 人民教育，2017(Z2)：49-50.

③ 李雪梅. 在小学德育中渗透传统文化教育的实践探索[J]. 宁夏教育，2018(5)：31-32.

二、学习方法

本书从当前小学传统文化教育的实践出发，以儒家"四书"，道家《老子》、《庄子》、古代蒙学经典、古诗词经典为教学内容的主干，构建了一个由文化常识、文本研读到教学实践的结构体系。从师范专业角度出发，要注意运用以下学习方法。

一是以理论联系实际为根本。本书不同于一般的高校传统文化经典通识教材，在提升传统文化素养的同时，要服务于小学传统文化教育实践。因此，在学习中要注意从专业角度出发，将对传统文化经典的学习与对小学传统文化教育的观摩、思考相结合，为小学传统文化教育工作奠定扎实的专业基础。在学习过程中，要一边研读传统文化经典，一边搜集该经典在小学教育中的应用素材，思考研读的作品是否适合应用到小学教育之中？或者是否能够更好地应用到小学教育之中？以上文介绍的山东省济南市大明湖路小学、湖南省长沙市雨花区王家冲小学传统文化经典教材为例，这些教材在内容上包括古代哲学、历史、文学、蒙学的各方面经典，其中大部分内容在本门课程中也会有不同程度的介绍，在研读这些经典时，就可以从经典诵读指导或教学案例设计、主持主题活动等角度出发，思考所学内容在小学适合采用的教育策略。

二是以文本细读与熟读成诵相结合为门径。传统文化经典所使用的古代汉语由两个系统组成，一个是以先秦至汉的口语为基础、后代一直沿用而缺少变化、始终居于正统地位的"文言"，其反映的是先秦至汉代汉族语言的面貌，从六朝起就明显地与口语脱离了，但古代文献主要是用它记载的。另一个是汉代以后在北方话的基础上形成的"古白话"，基本上反映了六朝及之后的语言面貌。[①]本书所选的经典既有文言，也有偏重于古白话的经典，后者多数易读易晓，前者在理解中则多有语言障碍。文本细读即要求对文言与古白话经典都要详细研读，从文字、词汇、语法、修辞、训诂、审美鉴赏等不同的角度深入理解文本内涵与艺术特点。钱理群先生认为：作为教师，"应该好好引导孩子读中国古典的东西，要读经典原著，而且是一字一句地认真读，这就会为他们一生的发展奠定一个好的基础"。[②]显然，要想达到这一目标，文本细读，尤其是对文言经典的文本细读是最基础的准备工作。同时钱理群先生还认为：中国文化的特征重情境、感觉、感悟，中国传统教育也如此。"启蒙的时候读《论语》，不是讲《论语》，就是读、背，通过读获得感觉，通过

[①] 许嘉璐. 古代汉语[M]. 北京：高等教育出版社，1992：2.

[②] 钱理群，洪子诚. 文学阅读的社会空间与当代精神发展的可能性[J]. 文艺争鸣，2018(6)：151.

背，体验那些东西。读了、背了，进入你的生命里，然后分析，这是中国传统的教育方法，也提示我们这是进入经典的另外一种方式。"① 这种直觉体悟的文本学习方式重在诵读，在诵读中感知经典、领悟经典，是小学传统文化经典诵读主要采用的方法。教师在文化经典学习中同样要注意诵读，做到字正腔圆、熟读成诵，切身体验经典的语言魅力。在学习中，将文本细读与熟读成诵相结合，才有利于全面地走进经典、掌握经典。

三是注意对经典文献的拓展学习。对本书的拓展性学习主要体现在两个方面：一方面是在对经典文献研读、体悟后，应根据教材的提示在课下进一步研读相关经典著作，挖掘其中适用于小学传统文化教育的文本；另一方面是在学习中要注意广泛涉猎各学科知识，对相关的中国古代历史、思想、文学、语言、教育、宗教、艺术等各方面内容均应广采博收，从而在文化背景上加深对所学经典文献的理解。有学者对国学研究方法提出了"历史时空观"的概念，对本书的学习也具有借鉴作用，即："通常我们把一个现象放在一个特定的空间内进行研究，如地域文学、地域文化、区域风俗、方言等，正是用空间的视角加以考察的。或者运用时间建立一个坐标体系，把某一现象放在这坐标中看，就很容易清晰地看出其前后变化的意义、内涵和特征，同时再联系当时的政治、经济、文化、社会的因素，就能看出这个现象产生的背景。"② 这种"历史时空观"的运用，必然要将与经典文献有关的多门学科知识融会贯通方能达到。从本质上来看，对本书的拓展学习是学习自主能力的体现，也是将经典文献学以致用的关键。

由于优秀传统文化经典浩如烟海，所以对经典文献的学习是没有止境的。"学习，尤其是经典名著的阅读，有如登山，只有竭尽全力，才能攀高峰而享受'一览众山小'的喜悦。"③ 对古代传统文化经典的学习更是如此。

本章小结

本章主要介绍了课程设置的时代背景与学习目标、学习方法。从 20 世纪 90 年代开始，中国传统文化日益引起人们的关注，并形成了学习与研究的热潮。在弘扬传统文化的过程

① 钱理群. 网络时代需要经典阅读[N]. 人民政协报，2014-2-13(3).
② 曹胜高. 国学通论[M]. 北京：北京大学出版社，2008：19.
③ 钱理群. 为何为小学生编就现代经典名著读本[N]. 中华读书报，2011-6-15(12).

中，关于价值的探讨、概念的思辨、方法的选择等方面一直存在着争议，党的十九大报告为科学弘扬中华优秀传统文化指明了方向。伴随着传统文化热的兴起，对"国学"一词的概念界定也一直处于探索之中，目前尚未形成统一的定论。

在当代传统文化勃兴的时代背景下，小学传统文化教育工作日益走向深入，由最初的儿童传统文化经典诵读，逐渐发展为课程教学与课外活动相结合的多角度渗透的教育模式。

作为小学传统文化教育的重要组成部分，小学传统文化经典诵读至今已有 20 余年的发展历程，并在诵读内容的选择、诵读方法的应用、学生评价的构建等方面均取得了长足的进步。

本书在学习目标的设置上立足于马克思主义立场，重视对经典文献的学习，服务于小学传统文化教育实践，在学习方法上以理论联系实际为根本，以文本细读与熟读成诵相结合为门径，注意对教材内容的拓展性学习。

思考题

1. 谈谈你对"传统文化"和"国学"这两个概念的理解。

2. 你认为在小学开展传统文化经典诵读，最主要的诵读目标是什么？为什么？

3. 搜集家乡小学传统文化教育的素材并进行归纳整理，在班级举行主题班会，对搜集到的素材进行展示交流。

第二章 四 书

学习目标

- ➤ 了解"十三经"的形成。
- ➤ 理解小学传统文化教育对"四书"内容的采用情况。
- ➤ 掌握"四书"的内容概要。
- ➤ 研读"四书"节选内容。
- ➤ 初步掌握小学教育中"四书"教学的特点。

重点与难点

"四书"内容概要　研读"四书"节选内容

导入案例

《小学语文经典诵读》校本课程之"四书五经"①

山东省青岛市永宁路小学

　　青岛市永宁路小学的校本课程《小学语文经典诵读》包括八个方面，分别为：唐诗宋词、古代蒙学、四书五经、成语及成语故事、国学经典故事、对联、《增广贤文》名句、推荐阅读书系。其中对"四书五经"的内容设置要点如下。

　　1. 设置原因

　　"四书五经"是中国的"圣经"，是儒家先哲思想和智慧的结晶，是我们了解中国古代社会的一把钥匙。"四书五经"节选可以作为高年级段学生的诵读内容，而且根据小学生的年龄特点和理解能力，重点以《论语》学习为主。

---

① 于艳. "三主式"经典诵读教学法[M]. 济南：山东人民出版社，2015：50-51，145-148.

2. 课程目标

(1) 了解"四书五经"的基本内容，感受中国古代文化的无穷魅力。

(2) 能理解一些浅显的古文名句，并能做到熟读成诵。

(3) 从诵读中明白做人、做事的道理。

3. 选编办法

精选广泛流传的名篇名句，编入高年级《中华经典诵读》校本教材。五年级以选编《论语》为主，六年级以选编除《论语》以外的其他"四书五经"内容为主。《论语》编选的内容为 60 句经典名言，句子均比较短小，有原文和译文，译文中没有对重点字词的解释，只是对原文的直接翻译。

4. 设置经典阅读课

通过经典阅读课案例的呈现，可知该校将《论语》设置为校本课程中的经典阅读课内容。在教学中，采用点拨法与多媒体手段，着重培养学生的《论语》朗诵能力与内涵感知能力。教学过程分为六个阶段，分别为：激趣导入、孔子与《论语》简介、诵读训练、整体感知、探讨交流和小结。达标检测分为两个部分：必做题为背诵《论语》，选做题为查阅有关孔子的资料。教学案例中的诵读训练部分，教师指导语较有特色，现节选如下。

"同学们在听朗诵的时候应该注意到了，古文的朗诵较之现代文语速要慢得多，而且节奏和停顿也较为明显。实际上同学们在平时看电视时，都看到过古代书生在读书时都是身着长衫、拿着书本、摇头晃脑地吟读的，像在唱歌一样，那同学们在读的时候也可以踏着节奏摇头晃脑，这样就更能够体会这种读古文的韵味。"

案例分析

作为儒家文化的代表性经典，"四书"尤其是《论语》在小学传统文化教育中占有重要的地位，并主要体现在课程教学、课外经典诵读活动、校园环境建设方面。上述案例比较典型地反映了"四书"在小学校本课程中的教学情况。

儒家思想是中国传统文化的中流砥柱，"四书五经"则是儒家思想的坚固基石，是中国传统的道德精神与价值体系的核心。青岛市永宁路小学将"四书五经"作为经典诵读校本课程的重要组成部分，正是基于对其历史文化价值的深刻认识。从课程目标与选编办法来看，在知识与能力培养层面指向两个方向：一是理解"四书五经"中的名句，初步培养对古文的阅读与理解能力；二是熟读成诵，培养对古文的诵读能力。在情感与价值取向上，教学目标指向对传统文化的体悟与联系生活实际，这也是课程设置的主要目标之所在。同时，由于考虑到小学生的年龄特点与理解能力，该校将"四书五经"作为高年级学段的诵读内容，将《论语》(节选)作为诵读的重点部分，并设置了专门的《论语》阅读课。有许多小学和青岛市永宁路小学一样，将"四书"节选列为校本课程的内容之一。如沈阳市和平大街第一小学的校本教材有《走进国学》，结构上分为基础篇和拓展篇两大部分。在基础篇部分，有《笠翁对韵》《千家诗》《千字文》《诗经》《古诗源》《论语》等内容，其中《论语》共编选了100则名言。这100则名言大多比较短小，但也有较长的段落，如《尧曰》篇中的"子张问孔子"章。节选部分既有原文也有译文，个别地方还有注释，阐释原文的象征意义或深刻内涵。

除校本课程教学之外，"四书"的部分内容也被列入小学常规课程。在钟启泉主编的2004版义务教育课程标准实验教科书《品德与社会》中，五年级下册第一单元的主题为"我们是中华文明的传人"，其中第一节"中国风 民族韵"不仅有对孔子的专题介绍，还列举了三则孔子的教育名言，分别是：三人行，必有我师焉；学而不思则罔，思而不学则殆；仁者不忧，知者不惑，勇者不惧。该节还编选了《礼记·大学》中的"修身，齐家，治国，平天下"理念，并指出这一理念是千百年来读书人普遍追求的道德理想。在思考题中，布置了一道讨论题：议一议孔子以及他的弟子的哪些言论值得提倡，哪些言论值得批判？这种题对学生思辨能力的培养也是颇有可取之处的。

与德育课程不同的是，语文是"一门学习语言文字运用的综合性、实践性课程"，工具性与人文性的统一是其基本特点[①]。以2005—2010年的义务教育课程标准实验教科书《语文》教材S版为例，该教材由语文出版社教材研究中心和十二省小语教材编写委员会联合编著，在小学的应用较为广泛。其中第六册的"语文百花园"中"积少成多"部分有《论语》名言一则，第九册第21课《孔子》的阅读链接部分有《论语》三则。通观十二册教材，对"四书"的引用体现为《论语》的四则名言。与《语文》S版教材不同的是，统编本教材对"四书"皆有采用，其中《论语》共十则名言，《孟子》共四则名言和两篇短文(《揠苗助长》和《学弈》)，《大学》和《中庸》各一则名言。除《论语》三则和《孟子》的《揠苗助长》《学弈》设置为精读课文之外，其余名言均属于各单元"语文园地"中的"日积月累"部分，重在引导学生对"四书"经典内容的积累。通观十二册教材，从第二册至第十二册，共涉及九册教材，涵盖小学一至六年级。通过比较可以发现，统编本语文教材对"四书"的采用不仅内容剧增，涵盖小学各学段，而且有单元积累和课文精读两种形式，将对"四书"的重视提高到了前所未有的高度。

总体来看，受小学生的年龄所限，无论是校本教材开发还是常规课程教学，对"四书"

---

① 中华人民共和国教育部. 义务教育语文课程标准[S]. 北京：北京师范大学出版社，2012：2.

的采用均为节选形式，而且偏重于对《论语》的节选。

另外，在课外经典诵读、校园环境建设方面，"四书"中的名言警句往往也发挥着重要作用。如辽宁省凌源市实验小学开发的传统文化经典诵读教材中，即有包括《大学》《中庸》《论语》《孟子》在内的各种文化典籍。该校设计了较有特色的 33711 诵读模式，即每天分别进行早诵、午吟、晚分享三个 10 分钟诵读活动，每 7 天更换一次诵读内容，1 个月复习 1 次，1 个学期进行 1 次考评。①武汉市黄陂区横店街中心小学将校园的干道命名为仁爱路、诚信路、勤勉路、笃行路、反省路等。②浙江省长兴县包桥中心小学在校园中张贴了许多古今名句，如《论语》的"见贤思齐，见不贤而内自省也"等，并开展"乡贤育德"工作，以切实贯彻"立德树人"的教育理念。③这类的教育案例不胜枚举，充分体现了"四书"精华内容在小学校园文化建设中的重要作用。

第一节　"四书"概述

儒家经典浩如烟海，以其为研究对象的学问被称为"经学"，其中承载的是中国传统文化的核心理念。若论儒家经典的代表性读本，则首推儒家"十三经"，其中既包括"五经"也涵盖"四书"，"四书五经"又成为中国儒家文化的经典核心。朱熹曾说："读书且从易晓易解处去读"，若读懂"四书"，则"何书不可读，何理不可究，何事不可处"。④对于小学生而言，"四书"中的名言警句、寓言故事可以作为初步了解儒家思想的入手处，而教师则需要对"四书"的相关文化常识有所掌握，对其中重要的思想要有一定的研读。

一、"十三经"的形成

若论"四书"，当先了解儒家"十三经"。儒家有十三部基本的经典文献，被统称为"十三经"。这十三部经典并非产生于一时，其经典地位也不是一蹴而就的，而是有一个漫长的形成过程。

---

① 宝秀华. 最是书香能致远 腹有诗书气自华——凌源市实验小学创建书香校园国学教育纪实[J]. 辽宁教育，2015(03)：54.

② 黄绪意，徐文辉，胡建华. 石壁挂藤通篆意[J]. 学校党建与思想教育，2009(27)：48.

③ 陆峰，叶秋. 根植校园文化 提升德育实效[J]. 小学教学参考，2019(27)：89.

④ (宋)朱熹. 朱子语类(卷 14)[M]//(清)永瑢. 纪昀等. 影印文渊阁四库全书(第 700 册). 台北：台湾商务印书馆股份有限公司，1987：219.

根据《论语》《史记·孔子世家》《庄子·天运》等文献的记载，孔子生前对《诗》《书》《礼》《乐》《易》《春秋》六经进行了整理和传授，这六部经典也构成了儒家学说的基础。到了秦汉时期，《乐经》亡佚，其余五部经典被称为"五经"。"五经"作为中国传统文化的源头，其文化价值自然不容低估。

"五经"在西汉受到统治者的重视，汉武帝推崇儒家思想，曾于建元五年(公元前136年)设五经博士。此后经过两汉近四百年的发展，儒家学说逐步成为封建社会官方主导意识形态，为历代统治者所提倡。在五经的基础上，东汉加入了《孝经》《论语》，形成了"七经"。唐代出现了"十二经"之说，包括"三礼"：《周礼》《仪礼》《礼记》，"春秋三传"：《春秋左氏传》《春秋公羊传》《春秋穀梁传》，以及《诗经》《书经》《易经》《孝经》《论语》和《尔雅》。到了宋代又在"十二经"的基础上加入了《孟子》，这十三部经典合称为"十三经"。至清代中期，著名学者阮元刻《十三经注疏》并附以校勘记，"十三经"及其注疏得以更为广泛地流传。

在"十三经"中，《诗经》是我国最早的诗歌总集，收集了从西周初到春秋中叶的305首诗歌，其整理与编订的具体情况已不可考，但周王朝的乐官应当起了很大的作用。《书经》即《尚书》，是夏、商、周政治文件和君臣言论的追记与汇编，编订者也不可考，汉代又出现了《古文尚书》与《今文尚书》之别。《易经》从表面上看是对周文王六十四卦的阐释，实则是古人对天地间事物运行规律的探索与总结，其编订者与阐释者尚无定论。在"三礼"中，《周礼》记述周代政治制度，《仪礼》记录士人生活礼仪，《礼记》则重在阐释《仪礼》之义，这三本书的各自成书最晚可推至汉代。"春秋三传"是对孔子整理的史书《春秋》的解释，相传鲁国的左丘明著《春秋左氏传》(此说中唐后质疑颇多)，鲁国的穀梁赤著《春秋穀梁传》，齐国的公羊高著《春秋公羊传》，其中《左传》的故事性最强。《论语》《孟子》是对孔孟思想、言行的记录，在下文"四书"部分详论。《孝经》的作者有曾子或孔门七十子遗言之说，阐释的是儒家的孝道观。《尔雅》是我国的第一部训诂专著，最晚成书于汉代，是用当时的普通话解释经典中的字词，相当于现在的字典、词典。

民国时期著名学者蒋伯潜曾言："吾人如欲了解古代之文化，终当于十三经中求之。"[①]从上文对"十三经"的介绍可知，这十三部经典涉及历史学、政治学、哲学、伦理学、文艺学、语言学等多个领域，是中国传统儒家文化的汇集与经典呈现。

---

① 蒋伯潜. 十三经概论[M]. 上海：上海古籍出版社，2010：2.

二、"四书"概要

由于宋代理学家程颐、程颢、朱熹的推重，《礼记》中的《大学》《中庸》和《论语》《孟子》从"十三经"中脱颖而出，被合称为"四书"。尤其朱熹倾力为"四书"作注，其所成的《四书章句集注》成为元代及之后科举考试的必读教材与答题标准，"四书"也成为中国历史上的一座文化里程碑。

朱熹曾多次提到"四书"的读法，如："先读《大学》以定其规模，次读《论语》以立其根本，次读《孟子》以观其发越，次读《中庸》以求古人之微妙处。《大学》一篇有等级次第，总作一处易晓，宜先看。《论语》却实，但言语散见，初看亦难。《孟子》有感激兴发人心处，《中庸》亦难读，看三书后方宜读之。"①朱熹的意思是，"四书"的阅读次序应是《大学》《论语》《孟子》《中庸》。《大学》之所以列为第一，是因为其为"四书"的研读与修习奠定了总体的结构框架。《论语》体现了"四书"的根本理念，但是内容比较松散，初看不易得其要领，故列于《大学》之后。《孟子》的语言气势雄健而富有感染力，是对《论语》思想的进一步阐发。《中庸》体现了儒家思想的精微之处，因其难读，应在看完《大学》《论语》《孟子》之后再读。借鉴朱熹对"四书"阅读次序的编排，现对"四书"的具体内容依次逐一加以介绍。

1. 《大学》

《大学》是"十三经"中《礼记》的一篇，最初是孔子的弟子与后学对《仪礼》加以阐释与补充的文字，附在《仪礼》之中。在西汉时期有礼学家戴德和他的侄子戴圣将《仪礼》中的阐释文字加以抽取、选编，前者选编了85篇，被称为《大戴礼记》，后者选编了49篇，被称为《小戴礼记》。东汉学者郑玄选择为戴圣的《小戴礼记》作注释，这就是现在常见的《礼记》，而戴德的《大戴礼记》至今也仍有流传。

历史上对《大学》的作者并无明确的记载，根据朱熹的考证当是孔子的学生曾子所作，这一观点一直为大多数人所接受。《大学》在唐代以前并未引起特别的关注，宋代随着程颐、程颢、朱熹等人的推崇，遂在《礼记》中脱颖而出。朱熹在"二程"的基础上重新考订了行文顺序，将全书分为经一章，传十章，并为已经缺失的"格物""致知"部分作了补传。从内容上看，《大学》阐释的是治国、安邦、平天下的政治策略，讲授的对象明显

---

① (宋)朱熹. 朱子语类(卷14)[M]//(清)永瑢. 纪昀等. 影印文渊阁四库全书(第700册). 台北：台湾商务印书馆股份有限公司，1987：219.

指向统治者阶层。全书以"三纲八目"为纲领，"三纲"为明明德、亲民、止于至善，"八目"为格物、致知、诚意、正心、修身、齐家、治国、平天下。"三纲八目"的最终目的是通过人的自身修养以发扬内在光明的善德，并从事家国的治理以实现天下太平的盛世，简单地说即"内圣外王"。《大学》还提出了一条根本性的原则："自天子以至于庶人，壹是皆以修身为本"[①]，即"内圣外王"之路的根本在于不断地提升自身的修养。可见，《大学》既是一部政治哲学著作，也是一部教育论著。

2.《论语》

在《大学》"三纲八目""修身为本"的理念下，再看《论语》中对孔子及其弟子言行的记载，则体现了儒家思想在日常生活中的具象化。孔子(公元前 551—前 479)为春秋后期的鲁国人，儒家学派的创始者，中国历史上著名的思想家、教育家、政治家。关于《论语》的成书，据《汉书·艺文志》记载："《论语》者，孔子应答弟子时人及弟子相与言而接闻于夫子之语也。当时弟子各有所记，夫子既卒，门人相与辑而论纂，故谓之《论语》。"[②] 从这段话可见两点：一是《论语》主要是记录孔子言行的一本书，二是此书当是孔门弟子合力著成。在汉代，《论语》有《鲁论语》和《齐论语》之别，另有从孔子住宅夹壁中发现的《古论语》。西汉汉成帝的老师张禹以《鲁论语》作为底本，又参考了《齐论语》，编成了新本的《论语》，被称为"张侯论"。东汉末的郑玄以"张侯论"为底本，参考其他版本作《论语注》，即今天流传的《论语》，而其他版本皆已失传了。

《论语》的核心思想与基点是"仁"与"礼"，这对中国古代文化的发展产生了深远的影响。同时，《论语》对鬼神之事存而不论，在行文中谈论最多的是现实生活中的学习、修养、从政等问题，体现了重视人事的鲜明特点。在教育方面，《论语》还体现了孔子对教育价值的重视，对有教无类的教育原则的提倡，对学思行相结合、启发诱导、因材施教、好学乐学、实事求是等教学理念的运用，对师德标准的阐释等。可以说，《论语》充分证明在教育方面，孔子是当之无愧的万世师表。从形式上来看，《论语》属于语录体散文，具有词约义丰、言近旨远的艺术之美。

3.《孟子》

关于《孟子》的作者，历来有三种说法：第一种认为作者是孟子；第二种认为是孟子

---

① (清)阮元校刻. 十三经注疏[M]. 北京：中华书局，1980：1673.

② (汉)班固. 前汉书(卷 30)[M]//(清)永瑢. 纪昀等. 影印文渊阁四库全书(第 249 册). 台北：台湾商务印书馆股份有限公司，1987：806.

死后由其弟子万章、公孙丑等作；第三种则是据《史记》记载认为是孟子及其弟子所作。第三种说法得到更多认可，据《史记·孟子荀卿列传》记载：孟子"受业子思门人"，在"以攻伐为贤"的时代，"述唐、虞三代之德，是以所如者不合"，故"退而与万章之徒序诗书，述仲尼之意，作《孟子》七篇"[①]。

孟子生活在战国中期，正是战国七雄以"合纵""连横"之策彼此角力的时代，孟子的主张显然不合于世，他退而著《孟子》一书，在前贤尤其是孔子思想的基础上进一步提出了民本、仁政、性善等理论。在民本论方面，他主张民贵君轻、得民心者得天下、君主无道可以易之。在仁政方面，他主张政治贤明、制民之产以养民。在性善论方面，他主张良知良能、人人皆可为尧舜。孟子的这些思想均对后世产生了深远的影响。在教育方面，性善论是孟子教育理论的基础，他还提出了深造自得、盈科而进、教亦多术、专心致志等教学理论。《孟子》的"以意逆志""知人论世"等观点，也对后世的文学与史学研究具有重要的价值。在形式上，《孟子》中有不少长篇的说理文，但也有简短的语录体文字，体现了先秦诸子散文由语录体向说理文的过渡。

4.《中庸》

《中庸》与《大学》一样同出自于《礼记》，在"四书"中却最难被理解。关于《中庸》的作者，据《史记·孔子世家》记载："孔子生鲤，字伯鱼""伯鱼生伋，字子思，年六十二""子思作《中庸》"。[②]但近代也有不同的观点，有人认为《中庸》当是秦人所作，有人认为是子思所作，但掺入了秦人的文字。一般仍认定《中庸》为子思所作，但很可能经过了秦代儒者的修订。朱熹对《中庸》同样进行了整理与诠释，他的《中庸章句》分为三十三章，并将第一章作为全书的纲要。

根据《汉书·艺文志》的记载，汉代就有人对《中庸》加以阐释了，而宋儒对其又格外推崇。何为"中庸"？《中庸》中并无对该词的明确解释，朱熹认为"中"是"性"，"无所偏倚，故谓之中"，而喜怒哀乐之情"发皆中节，情之正也，无所乖戾，故谓之和""中者，不偏不倚、无过无不及之名。庸，平常也。"[③]从朱熹的诠释来看，他推崇的是不偏不倚的"中"的精神状态，这种精神状态属于理学的"性"的层面，从"情"的角度是难以体悟到的，体现了"古人之微妙处"。总体来说，《中庸》主要阐释的是儒家无过无

① (汉)司马迁. 史记(卷74)[M]. 北京：中华书局，1982：2343.
② (汉)司马迁. 史记(卷47)[M]. 北京：中华书局，1982：1946.
③ (宋)朱熹. 中庸章句[M]//(清)永瑢. 纪昀等. 影印文渊阁四库全书(第197册). 台北：台湾商务印书馆股份有限公司，1987：200-201.

不及的哲学方法论，其中性、命、教、道、中、和等理念曾引起儒者广泛而深入的讨论。

为了更好地开展小学传统文化教育，除了对"四书"的主要特点有一个大致的了解之外，还应注意对与"四书"相关的史籍进行研读，如《史记》中的《孔子世家》《仲尼弟子列传》《孟子荀卿列传》，以及《宋史》中的《朱熹传》等，这将有助于对"四书"产生的时代背景、重要历史人物的把握。

第二节 "四书"研读

"四书"承载了儒家的核心理念，内在意蕴丰厚，历来注释、解读"四书"的文本更是汗牛充栋。下面节选"四书"中适合小学传统文化教育的内容加以研读，文献原典选用清代阮元的《十三经注疏》本[①]，注释据《说文解字注》[②]，并参考杨伯峻的《论语译注》[③]《孟子译注》[④]、王国轩译注的《大学·中庸》[⑤]、陈晓芬与徐宗儒译注的《论语·大学·中庸》[⑥]等。由于节选与注释内容繁多，在下文中不再一一注明出处了。

一、《论语》与《孟子》节选研读

在"四书"中，《论语》与《孟子》是对孔孟思想的阐释，故将其合并加以研读。《论语》是典型的语录体散文，《孟子》既有短小的语录体，又有长篇散文。从有利于小学教育的角度出发，本书以简短易晓、体现两书主要思想为标准，并参考目前普及的小学语文统编本教材，节选具有代表性的内容进行分析研读。

1. 子曰："君子食无求饱，居无求安，敏于事而慎于言，就有道而正焉，可谓好学也已。"（《论语·学而》）

[注释]

君子：指有道德的人，在《论语》里经常将其与"小人"相对。

安：安适，安逸。

---

① (清)阮元校刻. 十三经注疏[M]. 北京：中华书局，1980.

② (汉)许慎，(清)段玉裁. 说文解字注[M]. 上海：上海古籍出版社，1988.

③ 杨伯峻. 论语译注[M]. 北京：中华书局，2006.

④ 杨伯峻. 孟子译注[M]. 北京：中华书局，1960.

⑤ 王国轩译注. 大学·中庸[M]. 北京：中华书局，2006.

⑥ 陈晓芬，徐宗儒译注. 论语·大学·中庸[M]. 北京：中华书局，2011.

敏：勤勉，努力。

有道：道德高尚的人。

正：匡正。

[译文]

孔子说："有道德的人饮食不求饱足，住处不求安适，做事勤勉而言辞谨慎，能够到道德高尚的人那里去匡正自己的品行，这样就可以说是好学了。"

[研读]

之所以将此段作为节选的第一段，用意在于突出"好学"二字。在学生的心目中，一般将"好学"理解为爱学习、刻苦用功，学习的对象往往指向各学科的知识与技能层面。但在《论语》中，"好学"在内涵上指向道德修养。在这段节选中，"好学"体现为不贪求物质生活的富足，勤勉做事而言辞谨慎，并能够以道德高尚的人为楷模，对自己的品行加以反省修正。这一系列的自我修养与约束行为均体现了对道德修养的重视，并未涉及知识、能力层面。

在《论语》中对"好学"的阐释还有比较经典的一段话：

哀公问："弟子孰为好学？"孔子对曰："有颜回者好学，不迁怒，不贰过，不幸短命死矣！今也则亡，未闻好学者也。"（《雍也》）

这里孔子将"好学"简要地概括为"不迁怒，不贰过"，即不迁怒于人，同样的错误不犯第二遍，内涵明显也是指向道德修养。"不迁怒，不贰过"还被小学语文统编本教材所采用，并被编选在第五册第八单元的"语文园地·日积月累"部分。虽然上述孔子的两段话对"好学"的定义在内容上不同，但在本质上均指向道德修养层面，这是在研读《论语》时尤其需要注意的问题。

在《论语》中对"学"的问题也有阐述。如：

子夏曰："贤贤易色；事父母，能竭其力；事君，能致其身；与朋友交，言而有信。虽曰未学，吾必谓之学矣。"（《学而》）这里孔子对"学"的内涵定义为重视品德、尽忠尽孝、交友诚信，与对"好学"的定义有异曲同工之妙。其中的"与朋友交，言而有信"还被选入了小学语文统编本第三册第二单元的"语文园地·日积月累"中。

引导学生树立正确的学习观是小学教育的重要内容，《论语》将《学而》放在第一部分，也同样体现了对该问题的重视。《论语》中对"好学""学"的内涵阐释有其积极的一面，在小学传统文化教育中可以合理地予以采用。

2. 子贡问曰："有一言而可以终身行之者乎？"子曰："其恕乎！己所不欲，勿施于人。"（《论语·卫灵公》）

[注释]

一言：一个字。

欲：想要，希望。

[译文]

子贡问孔子："有没有一个字可以终身奉行呢？"孔子说："那就是'恕'吧！自己不想要的，就不要施加给别人。"

[研读]

在小学语文统编本中，"己所不欲，勿施于人"选录于第三册第二单元的"语文园地·日积月累"。这一则名言在内涵上指向儒家的恕道，孔子认为这是可以奉行一生的道德修养标准。《说文解字》解释"恕"为"仁"，即仁爱，推己及人，这实际上已经涉及《论语》中"仁"的思想。

"仁"是孔子思想体系的核心与基点之一，孔子在《论语》中多次提及"仁"的概念。有学者统计，《论语》中有五十八章涉及"仁"的概念，提到"仁"字一百零九次。①孔子每一次对"仁"的解释均不同，如：

樊迟问仁。子曰："爱人。"（《颜渊》）

仲弓问仁，子曰："出门如见大宾，使民如承大祭。己所不欲，勿施于人。在邦无怨，在家无怨。"仲弓曰："雍虽不敏，请事斯语矣。"（《颜渊》）

樊迟问仁。子曰："居处恭，执事敬，与人忠。虽之夷狄，不可弃也。"（《子路》）

子张问仁于孔子。孔子曰："能行五者于天下为仁矣。""请问之。"曰："恭、宽、信、敏、惠。恭则不侮，宽则得众，信则人任焉，敏则有功，惠则足以使人。"（《子路》）

可见，孔子或将"仁"简要地概括为"爱人"，或将其解释为恭、谨、敬、忠、宽、信、敏、惠等道德的综合体，而在"己所不欲，勿施于人"中，又将其与"恕"的概念等同。总体来看，孔子阐释的"仁"是以"爱人"为根本出发点的，在不同的语境下会有不同的内涵，有学者将其简要地总结为："对个人来讲，'仁'就是用一个正常人所具有的最真挚的情感，去关心别人、爱护别人。从政治上来讲，'仁'就是能够勤政爱民。"②从小学语文统编本的编选来看，从推己及人的角度引导学生初步体会"仁"的思想，当是选

---

① 施忠连. 论语鉴赏辞典[M]. 上海：上海辞书出版社，2007：109.

② 曹胜高. 国学通论[M]. 北京：北京大学出版社，2008：60.

录"己所不欲，勿施于人"的主要目的之所在。

3. 子曰："君子无所争，必也射乎！揖让而升，下而饮，其争也君子。"（《论语·八佾》）

[注释]

无所争：没有可争的事情。

揖让：拱手行礼，表示谦让。

[译文]

孔子说："在君子的心中没有什么可争的事情，如果要有所争，那就一定是比赛射箭吧！比赛时相互拱手行礼然后登堂，比赛后下堂饮酒，这种竞赛体现了君子的风度。"

[研读]

"礼"是孔子思想的另一个核心与基点。孔子之所以如此强调"礼"，是由于当时周代的礼制已经被破坏了，孔子对"礼"的推崇，明显具有恢复周礼顺畅运行的目的。有学者统计，"礼"在《论语》中共出现了七十四次[①]，此处节选孔子对射礼的阐释作为代表。

射礼的礼节主要见于儒家十三经之《仪礼》《礼记》。《仪礼》描述了士阶层一生所要面对的主要礼仪，包括冠礼、婚礼、丧礼、祭礼、乡饮酒礼、乡射礼、聘享礼和朝觐礼，射礼属于其中之一。在《论语》中对射礼的阐释，强调的是君子在竞赛中的揖让风度，体现了礼在本质上是一种融外在行为与内在道德于一身的独特的社会规则。《论语》中的"礼"还具有道德尺度的意味，如《泰伯》篇云："恭而无礼则劳，慎而无礼则葸，勇而无礼则乱，直而无礼则绞。"恭、慎、勇、直都是美德，但若没有礼的制约则会失度，变成辛苦劳倦、胆怯畏缩、粗暴盲动与尖刻伤人。

中国有悠久的礼乐文化，在古代是著名的礼仪之邦，孔子对礼的强调功不可没。对于小学生而言，培养具有当今时代特点的礼仪观念，是对《论语》中礼的精神的继承与发展。

4. 孟子曰："民为贵，社稷次之，君为轻。"（《孟子·尽心下》）

[注释]

社稷：社指土地神，稷指谷神。古代天子诸侯祭祀土地神与谷神，以祈祷丰年。古代又常以社稷作为国家的代称。

[译文]

孟子说："百姓最重要，土地神与谷神次之，君主为轻。"

---

① 施忠连. 论语鉴赏辞典[M]. 上海：上海辞书出版社，2007：121.

[研读]

此句是《孟子》民本论的典型体现，原文语段又云："是故得乎丘民而为天子，得乎天子为诸侯，得乎诸侯为大夫。诸侯危社稷，则变置。牺牲既成，粢盛既洁，祭祖以时，然而旱干水溢，则变置社稷。"其大意是：天子得到百姓的拥戴才能成为天子，诸侯如果危害国家，祭祀的土谷之神如果不能保佑天下风调雨顺，那么就可以对其加以变更。将百姓置于天子、诸侯与神灵之上，体现了孟子思想鲜明的时代进步性。在民本论的基础上，孟子又继承并发展了孔子"仁"的思想，进一步提出了"仁政"的政治理想，主张明君应"制民之产，必使仰足以事父母，俯足以畜妻子，乐岁终身饱，凶年免于死亡"，在统治上应推行贤能政治，使"贤者在位，能者在职"。

无论是民本论还是仁政理想，其根源仍是孔子"仁"的道德理念。孟子对"仁"也有阐释，如："君子所以异于人者，以其存心也。君子以仁存心，以礼存心。仁者爱人，有礼者敬人。爱人者，人恒爱之；敬人者，人恒敬之。"(《离娄下》)其中对仁者爱人思想的推重不言自明。小学语文统编本将"仁者爱人，有礼者敬人"选入第五册第八单元的"语文园地·日积月累"，实际上是以最简短的语句引导小学生初步感知孔孟的"仁"的思想，选文颇为精当。

5. 宋人有闵其苗之不长而揠之者，芒芒然归，谓其人曰："今日病矣！予助苗长矣！"其子趋而往视之，苗则槁矣。(《孟子·公孙丑上》)

[注释]

闵：忧虑，担心。

揠：拔。

芒芒然：疲倦的样子。

病：疲倦。

趋：跑，疾走。

槁：干枯。

[译文]

宋国有一个人担心他的禾苗不长而去拔苗，他精神疲倦地回到家，对家人说："今天太疲倦了，我帮助禾苗长高了！"他的儿子跑去田中看，禾苗已经干枯了。

[研读]

在小学语文多个版本的教材中均有《揠苗助长》这则故事，目前普及的统编本将其选入第四册的第12课《寓言二则》，并将其翻译为儿童能够读懂的白话文。一般将该则寓言理解为违背事物发展规律而急于求成，最终反而会坏事。在《孟子》的原文中，则是用其阐释培养浩然之气的方法。其文云：

(公孙丑曰：)"敢问何谓浩然之气？"

(孟子)曰："难言也。其为气也，至大至刚，以直养而无害，则塞于天地之间。其为气也，配义与道。无是，馁也。是集义所生者，非义袭而取之也。行有不慊于心，则馁矣。我故曰，告子未尝知义，以其外之也。必有事焉而勿正，心勿忘，勿助长也。无若宋人然：宋人有闵其苗之不长而揠之者，芒芒然归，谓其人曰：'今日病矣！予助苗长矣！'其子趋而往视之，苗则槁矣。天下之不助苗长者寡矣。以为无益而舍之者，不耘苗者也；助之长者，揠苗者也。非徒无益，而又害之。"

这一段的大意是：孟子向公孙丑阐释一种被称为"浩然之气"的精神境界，这种精神境界的特点是最伟大、最刚强，充满于天地之间。达到这一精神高度需要用正义去培养，而且是经常性地累积正义所形成的，偶尔的正义行为则无济于事。这种浩然之气存在于人的心中，要时刻记住并培养它，但不要像那个宋国人拔苗助长一样，用违背自然规律的方法帮助它生长，这样反而会对其造成伤害。

孟子所说的浩然之气是一种正大刚直的精神境界，要达到这一境界需要日积月累、持之以恒地自我修养，任何急于求成的心理都无功且有害。在小学语文课本中，并未引入对浩然之气的介绍，而是以儿童能理解的白话小故事，将寓意定格在批判违背自然规律而急于求成的这一行为上。这一改编不仅符合儿童的认知水平，而且引领儿童初步接触《孟子》，为以后的深入领悟《孟子》原文奠定了基础。

6. 恻隐之心，仁之端也。(《孟子·公孙丑上》)

[注释]

恻隐：同情心，怜悯心。

端：发端，萌芽。

[译文]

同情心是仁的发端与萌芽。

[研读]

这一段名言出现在小学语文统编本第十册第八单元的"语文园地·日积月累"中，虽然短小，但涉及孟子著名的性善论思想。其原文较长，现节选体现性善论的主要语段如下。

由是观之，无恻隐之心，非人也；无羞恶之心，非人也；无辞让之心，非人也；无是非之心，非人也。恻隐之心，仁之端也；羞恶之心，义之端也；辞让之心，礼之端也；是非之心，智之端也。人之有是四端也，犹其有四体也。有是四端而自谓不能者，自贼者也；谓其君不能者，贼其君者也。凡有四端于我者，知皆扩而充之矣，若火之始然，泉之始达。苟能充之，足以保四海；苟不充之，不足以事父母。

这一段的大意是：孟子认为，没有同情心、羞耻心、谦让心、是非心的话，这样的人就不能被称为人。这四种心理分别是仁、义、礼、智四种品质的萌芽，与人的四肢一样是自然存在的。对这四种心理要善于去扩充它们，使它们日益充实、完善，这样才能安定天下，否则连侍奉好父母都做不到。

可见，孟子认为同情心、羞耻心、谦让心、是非心是人之所以为人的根本，但还远远未达到儒家仁、义、礼、智的高度，需要勤加修养、完善充实，才能真正有利于孝亲、治国。小学统编本教材节选了"恻隐之心，仁之端也"作为五年级下学期的"日积月累"中的内容，实际上是从最简单处入手，让学生初步接触孟子的性善论。

二、《大学》与《中庸》节选研读

《大学》与《中庸》同属于《礼记》，故将两者合并加以研读。在研读内容的选择上，以体现两书的核心思想为标准，并参考目前普及的小学语文统编本教材，节选具有代表性的内容进行分析研读。

1. 大学之道，在明明德，在亲民，在止于至善。(《大学》)

[注释]

道：方针，原则。

明明德：第一个"明"是动词，使彰明，使显明。"明德"即光明的品德。

亲民：关于"亲"字历史上有两种不同的解释，一是朱熹据程颐之说，阐释"亲"为"新"，有革旧向新之意；二是王阳明阐释"亲"为"爱"，有"亲亲而仁民"之意。此从朱熹之说。

至：极，最。

[译文]

大学学习的原则，在于彰明内在光明的品德，在于弃旧向新，在于达到最完善的道德境界。

[研读]

这是《大学》中著名的"三纲"，从明明德、亲民到止于至善，逐层递进地阐明了儒家《大学》教育的纲领。其后紧接着还有一句补充："知止而后有定，定而后能静，静而后能安，安而后能虑，虑而后能得。"即明确了奋斗的目标之后才能志向坚定，继而心神平静、安定，这样考虑问题才能周详，最终学有所得。《大学》在开篇即简明扼要地提出了教育目标，为后文"八条目"的提出奠定了基础。

2. 古之欲明明德于天下者，先治其国；欲治其国者，先齐其家；欲齐其家者，先修其身；欲修其身者，先正其心；欲正其心者，先诚其意；欲诚其意者，先致其知；致知在格物。(《大学》)

[注释]

国：周代诸侯国的封地。

齐：整顿、管理。

修：修养。

正：端正。

致知：获得知识。

格物：穷究事物的原理。

[译文]

古时候要想在天下彰明内在光明品德的人，需先治理好自己的国家；要想治理好自己的国家，需先管理好自己的家族；要想管理好自己的家族，需先修养好自身；要想修养好自身，需先端正自己的心态；要想端正自己的心态，需先使自己的意念真诚；要想真诚自己的意念，需先获得知识；获得知识在于穷究事物的原理。

[研读]

这是《大学》的"八条目"之所在，也体现了达到"三纲"的具体方法与途径。文中紧接着又补充："物格而后知至，知至而后意诚，意诚而后心正，心正而后身修，身修而后家齐，家齐而后国治，国治而后天下平"，从而将大学阶段的八个修养条目完整地呈现出来。

由于在《大学》中缺少对格物、致知的阐释，致使对"格物"的解释众说纷纭。按照朱熹的解释，格物即"穷至事物之理，欲其极处，无不到也"[①]，也就是穷究事物原理的意思。在此基础上才能获得知识，并逐步做到真诚意念、端正心态、修养自身、管理家族乃

---

① (宋)朱熹. 大学章句[M]//(清)永瑢. 纪昀等. 影印文渊阁四库全书(第 197 册). 台北：台湾商务印书馆股份有限公司，1987：5.

至国家，最终使天下太平。在这八个条目中，《大学》明确指出："自天子以至于庶人，一是皆以修身为本"，即修养好自身是实现"三纲"的根本之所在。

三纲八目是《大学》教育思想的根本之所在，也是儒家政治哲学的基本纲领，其中思想的闪光点在今天仍然有借鉴价值。

3. 苟日新，日日新，又日新。(《大学》)

[注释]

苟：如果。

新：本意是洗涤身体上的污垢，此处兼指在道德上弃旧向新。

[译文]

如果能够每天洗涤身心的污垢，那么就应该天天在身心上弃旧向新，新了还要更新。

[研读]

这是刻在古帝王商汤盥洗、沐浴用具上的一句铭文，这种在身心上日日求新向善的追求，也是实现《大学》"三纲"的重要方法。这则名言也被选入小学语文统编本教材第十二册第五单元的"语文园地·日积月累"之中，其中对于道德境界日新月异的追求具有重要的教育意义。

4. 天命之谓性，率性之谓道，修道之谓教。道也者，不可须臾离也；可离，非道也。是故君子戒慎乎其所不睹，恐惧乎其所不闻。 莫见乎隐，莫显乎微。故君子慎其独也。(《中庸》)

[注释]

天命：天然赋予的。

率：遵循。

修：修养。

须臾：片刻，一会儿。

见：同"现"，显现。

独：一人独处。

[译文]

自然赋予人的禀赋叫作性，遵循本性而行叫作道，按照道的原则修养叫作教。道是不可以片刻离开的，如果可以离开，就不是道了。所以，君子在别人看不到的地方也是谨慎的，在别人听不到的地方也是有所畏惧的。没有比在隐蔽的地方、细微的末节更能显现人的本色的了。因此，君子在一个人独处时也是谨慎的。

[研读]

这段属于《中庸》的首章，提出了"性""道""教"三个重要的概念，指明了儒家道德修养与道德教化的哲学原理。又从道与人融为一体、不能片刻相离的角度出发，提出了著名的君子慎独说。君子慎独，实质上也是按照道的原则进行自我修养的极致。

5. 喜、怒、哀、乐之未发，谓之中。发而皆中节，谓之和。中也者，天下之大本也。和也者，天下之达道也。致中和，天地位焉，万物育焉。**(《中庸》)**

[注释]

中节：符合法度、分寸。

大本：最大的根本。

达道：通行不变之道，指普遍规律。

致：达到。

育：生长，成长。

[译文]

喜、怒、哀、乐的情绪没有表现出来的时候，叫作中。喜、怒、哀、乐的情绪表现出来符合法度、分寸，叫作和。"中"是天下最大的根本，"和"是天下共同遵守的普遍规律，达到中和的境界，天地各安其位，万物生生不息。

[研读]

这段为上段节选内容的后续，同属于《中庸》的首章，两段内容合并后，即《中庸》全书的纲领之所在。此段提出了一个重要的概念：中和。"中"是指喜、怒、哀、乐等各种情绪没有表现出来时，人无情欲遮蔽的心理状态，"和"则是指人的各种情绪虽丰富但皆能合乎分寸的状态。虽然文中并未明言"中和"的具体内涵，但将其地位与作用推向了极致，使之与天地、万物的和谐运作直接相联系。

6. 博学之，审问之，慎思之，明辨之，笃行之。**(《中庸》)**

[注释]

博：广博。

审：周密，详细。

笃：切实。

[译文]

广博地学习，详细地询问，慎重地思考，明确地辨析，切实地实行。

[研读]

这一句被选入小学语文统编本教材第七册第二单元的"语文园地·日积月累"之中，对小学生的学习能起到一定的指导作用。全句从学、问、思、辨、行五个角度介绍了学习不可或缺的重要环节以及应具有的学习态度，曾对中国古代的教育理论做出了重要的贡献。其后有一段阐述也较重要："有弗学，学之弗能弗措也；有弗问，问之弗知弗措也；有弗思，思之弗得弗措也；有弗辨，辨之弗明弗措也；有弗行，行之弗笃弗措也。人一能之，己百之，人十能之，己千之。果能此道矣，虽愚必明，虽柔必强。"其大意是：要么不学，否则学不会就不放弃，在问、思、辨、行这四个环节也是如此，一定要问懂、辨明、切实实行，否则就不要轻言放弃。别人用一分努力，自己用百分，别人用十分努力，自己用千分。果真能够如此，即使愚笨的人也一定会聪明起来，即使柔弱的人也一定会刚强起来。简言之，这一段补充阐述的是学习要有钻研的精神、持之以恒的毅力，在今天也仍然具有极强的教育意义。

以上节选内容涉及了"四书"中的重要理念，如《论语》的仁与礼的思想，《孟子》的民本论、仁政观与性善论，《大学》的三纲八目，《中庸》的慎独与中和观等，并与小学《语文》统编本教材相衔接。当然，在"四书"中还有大量的内容值得挖掘并灵活应用于小学传统文化教育，教学取舍的原则在本章第三节的教学建议中还有相关的介绍。

第三节　小学"四书"教学案例与分析

一、教学案例

案例一：《论语·士不可以不弘毅》

沈阳市实验学校(小学部)　姜淼

论语节选.mp4

教学内容

曾子曰："士不可以不弘毅，任重而道远。仁以为己任，不亦重乎？死而后已，不亦远乎？"

教学对象

小学四年级学生。

课程类型

传统文化课。

教学目标

(1) 认读课文中的生字，特别注意要读准"弘""毅""戈""社""稷"等字音。

(2) 能正确、流利地朗读课文，读出语句的节奏感。

(3) 能初步理解"弘毅""任重道远"与"社稷"的意思，激发学生"以天下为己任"的爱国情怀。

教学重点

学生能正确、流利地诵读课文，在诵读和联系古今人物爱国事迹中感悟爱国之情。

教学难点

释义古今贯通，古为今用，了解课文所讲的内容，并将爱国心落在实处。

教学准备

(1) 板书贴纸(彩色)、教学课件(PPT)。

(2) 学生查找苏武牧羊、张骞出使西域的资料。

教学课时

一课时。

教学过程

一、谈话导入

师：同学们，你们知道我国有多少年的历史吗？

师：据史料记载我国约有五千年的历史，在这漫长悠久的历史长河中，中华民族涌现出无数仁人志士，在这片广袤富饶、壮丽绮旎的土地上，为中华民族传承、繁荣抛洒热血。从"苟利国家生死以，岂因祸福避趋之"到"人生自古谁无死，留取丹心照汗青"，从"一腔热血勤珍重，洒去犹能化碧涛"到"只解沙场为国死，何须马革裹尸还"，无数先辈好似中国的脊梁，使中华民族骄傲地屹立于世界之林。未来的你们面对这片令我们心潮澎湃的万里河山，面对着孕育了中华五千年文明的古老神奇的土地，又该如何继往开来呢？古人说："半部《论语》治天下。"今天老师给同学们带来了《论语·泰伯》中的一则名言，希望能够抛砖引玉，对同学们有所启发。

【设计意图】

在《论语》中选择这则名言来讲，是希望能够弘扬传统文化、传承爱国主义精神。

二、初读感知

(一)出示教学内容

请同学们自己出声读一读这则名言，读准字音、读通句子。

1. 尝试读

出示教学内容：

曾子曰："士不可以不弘毅，任重而道远。仁以为己任，不亦重乎？死而后已，不亦远乎？"

——《论语》

同学们请看大屏幕，先自己试着读一读，读准字音。

2. 出示【朗读要求】

(1) 读准字音、看准字形。

(2) 圈出容易读错的字，适当地标注。

(3) 注意朗读节奏。

(二)正音

区分"已"和"己"，加点字重读，划分节奏。

1. 指导读

师：谁能正确地朗读这段论语？

(指名读)

2. 范读

师：请问，他读得正确吗？读得声音洪亮吗？我们在读文言文的时候不仅要读准字音、声音洪亮，还要注意句间的断句和语调的抑扬。老师是这样断句的，下面听老师来为大家读一遍。

曾子曰："士/不可以/不弘毅，任重/而道远。仁/以为/己任，不亦/重乎？死而/后已，不亦/远乎？"

(三)互读与比读

1. 互读

师：请你也像这样与同桌互相读一读吧。其他同学认真听并且用上"朗读要求"来评一评同学读得怎么样？如果他读得好，你就夸一夸他，如果读得不对，你就帮帮他。

2. 比读

师：接下来我们比一比，先进行小组赛，一组先读，诵读时注意老师强调的三点。男生和女生来比一比，我们男生先齐读。

师：读得真好，就像一个个小播音员。我们女生再读一遍。我们班的女生也是巾帼不让须眉。我们再一起齐读一遍。

【设计意图】

在语文学科的学习中，诵读是必不可少的。诵读要求读通顺、有感情，在熟读的基础上才能更好地理解课文。

三、合作探究

(一)初步感知文意

(1) 拿出学习单，结合注释，先独立思考，再以小组为单位进行交流。

师：同学们通过刚才的反复诵读，已经能将这则《论语》读通了，那么要想真正读懂还需要知道这则《论语》讲的是什么。请同学们拿出学习单，结合老师给出的注释，自己试着理解一下这段话的意思，可以把你的理解写在下面的空白处，完成以后与小组同学交流一下你的收获和不懂之处。组长分工。

(2) 教师 PPT 出示阅读要求。

① 结合注释理解重点词的意思。

② 结合注释说说这句话的意思。

③ 不懂的地方在原文圈画出来。

(3) 教师 PPT 出示学习单注释。

士：读书人；在商周时期指的是贵族阶层，春秋以后逐渐成为读书人的统称。现在我们普及了九年义务教育，每个人都是读书人。

弘：大。这里指心胸宽广。

毅：刚强，坚毅。

仁：仁德。

仁以为己任：即以仁为己任。

重：重大。

远：长远。

己：自己。

已：停止。

不亦：表示肯定意思的反问句，句末多有"乎"字。可以翻译为：难道不……吗？

(二)全班交流

师：哪组同学愿意和全班同学分享一下你们组的学习交流结果呢？

(学生汇报交流结果)

师：大家说得真好！曾子说："读书人不可以不弘大刚毅"，因为他肩负的任务重大而路途遥远。把实现仁德作为自己的责任，难道不重大吗？直到死了才可以停歇下来，难道不长远吗？

师：曾子告诉我们，作为一个读书人必须志向远大，意志坚定，因为他深知自己责任重大，需要长期地艰苦奋斗，其中最重要的也是必要的条件是什么呢？

(PPT 出示：士应当弘毅，任重道远。学生填空)

师：朱熹《四书集注》解释说："非弘不能胜其重，非毅不能致其远。"弘而不毅，固难持久；毅而不弘，则气量褊狭；既弘且毅，方能任重道远。由此可见弘毅的重要性。实现仁道是漫长而艰巨的。作为一个有理想、有抱负的人，应当勇于担当时代的重任。那么什么样的人可以说是弘毅呢？接下来老师和同学们分享两则小故事，看看同学们能不能从中有所体会。

【设计意图】

在熟读课文的基础上，让学生结合注释自己试着理解文意，先独立思考，不懂的地方再与其他同学进行交流学习。

四、结合古今人物事迹感悟精神

(一)体悟苏武牧羊的故事

(1) 出示苏武牧羊图。

(2) 学生讲述事先查找的苏武牧羊的故事。

(3) 教师总结。

像我们熟知的，古有苏武牧羊。苏武留居匈奴十九年，持节不屈，用汉节牧羊。不管匈奴贵族如何威逼利诱，甚至威胁他等到公羊生子才放他回国，他都不屈服。谁知道这是为什么呢？因为在他心里国家重于一切，国家人民的安危高于一切。他投降可能会导致匈奴进攻，人民生灵涂炭。像这样心怀国家、心怀天下的精神就是"弘大"，他忍受这种欺侮十九年，这种坚强的意志就是"坚毅"。

(二)体悟张骞出使西域的故事

(1) 出示张骞出使西域图。

(2) 学生讲述事先查找的张骞出使西域的故事。

(3) 教师总结。

张骞前往西域寻找匈奴的敌国月氏，想与月氏联合抵御匈奴。他深知自己责任重大，尽管一路上困难重重，但他不顾艰辛，冒险西行，被匈奴骑兵俘虏，整整过了十一个春秋才逃了出来。他再次出使西域时，建立了汉朝和西域各国的友好关系，后来人们称张骞走通的西域这条路为"丝绸之路"，这项工作张骞做了一生，这不就是"任重道远""死而后已"吗？

(三)朗读深化

师：现在请同学们带着自己的理解读一读这段话，谁来读？说一说你读出了什么？

师：想想苏武，想想张骞，我们再一起来读一遍。全班齐读课文。

(四)联系现实

师：在我国的历史长河中，这种仁人志士数不胜数，直到今天，我们身边依然有很多平凡而又伟大的民族英雄。比如屠呦呦发现了抗疟疾药物青蒿素，挽救了数百万人的生命。可我们不知道的是，她为了确保青蒿素的安全甘当小白鼠，为了全力研制青蒿素，连女儿也送回老家寄养。她的丈夫说："一说到国家需要她就不会选择别的，她一辈子都是这样。"

她把一百万元奖金捐给北京大学医药部，没有任何捐赠仪式，就像处理一张水费电费单一样。这种心里始终装着国家、装着人民的胸怀是何等"弘大"！她在经历了数不清的失败后还能坚定地多尝试一次，她能在实验环境简陋、没有通风系统和实验防护的情况下，患上中毒性肝炎后仍然坚守科研，这就是"坚毅"的品格。因为国家和人民的需要，她数十年如一日，"人不堪其忧，回也不改其乐"的作风，不正是担负起了"任重而道远"的责任吗？人们尊称她为先生，这不就是当今时代的"士"吗？

师：同学们，带着你的理解再读读这段《论语》。

全班齐读：曾子曰："士/不可以/不弘毅，任重/而道远。仁/以为/己任，不亦/重乎？死而/后已，不亦/远乎？"

【设计意图】

结合古代两个人物故事让学生更进一步地理解"弘毅"，再让学生说说现今我们所熟知的人物，实现学生对这则《论语》名言的理解、内化和输出。

五、情感升华

师：在同学们慷慨激昂的朗读中，老师听到了你们心中那颗家国情怀的种子萌芽的声音。爱国是从"岂曰无衣，与子同袍"之干戈以卫社稷，到现在实现万类霜天竞自由的"富强、民主、文明、和谐"的法治社会。爱国是千千万万普普通通的劳动者铸造了中华人民共和国各条战线的辉煌成就，我们要永远守护这用鲜血浸染的红色江山。谁来说说我们应该怎样做呢？

师：同学们说得多好啊！让我们再一起来背诵这段《论语》：

曾子曰："士/不可以/不弘毅，任重/而道远。仁/以为/己任，不亦/重乎？死而/后已，不亦/远乎？"

师：同学们，你们是祖国的未来，作为新时代的青少年，你们准备好了吗？实现中华民族伟大复兴的中国梦，你们有信心吗？老师相信你们可以做到，也希望你们能够成为真正的社会主义建设者和接班人。

【设计意图】

在结合古今人物事迹加深理解后，学生进一步在诵读中读出爱国精神、读出家国情怀。爱国不是一句口号，要落实到我们的行动中来。由此引发学生思考：作为一名小学生，我们应该如何爱国？让学生明白爱国可以通过日常生活中的一件小事来体现。

教学反思

本课的教学重难点就是让学生明白何为爱国，并将爱国心落在实处。在教学过程中进行了释义、古今贯通、古为今用，结合古今的人物事迹理解弘大刚毅的爱国精神和任重道远的责任担当。本节课中引用了较多的爱国诗词和故事，朗读时的配乐是慷慨激昂的，学生在联系当今时代的人物时也是深有感触的。

处理不当之处在于：在向学生说到屠呦呦的事迹之后，应该引导学生谈谈作为一名普通人爱国的表现有哪些。可以结合父母的工作特点来谈谈如何为国家和社会做贡献。

案例二：《揠苗助长》

沈阳市于洪区平罗小学　　赵桂玲

揠苗助长.mp4

教学内容

揠苗助长①

古时候有个人，他巴望自己田里的禾苗长得快些，天天到田边去看。可是，一天，两天，三天，禾苗好像一点儿也没有长高。他在田边焦急地转来转去，自言自语地说："我得想个办法帮它们长。"

一天，他终于想出了办法，就急忙跑到田里，把禾苗一棵一棵往高里拔。从中午一直忙到太阳落山，弄得筋疲力尽。

他回到家里，一边喘气一边说："今天可把我累坏了！力气总算没白费，禾苗都长高了一大截。"

他的儿子不明白是怎么回事，第二天跑到田里一看，禾苗都枯死了。

① 本文根据《孟子·公孙丑上》改写。

教学对象

小学二年级学生。

课程类型

新授课。

教学目标

(1) 能正确、流利地朗读课文。

(2) 会认本课生字，会写生字"筋""疲"。

(3) 结合生活实际领悟寓意，懂得做事要遵循规律、不可急于求成的道理。

(4) 初步感知孟子与《孟子》寓言。

教学重点

(1) 正确、流利、有感情地朗读课文。

(2) 理解寓意，从中受到启发和教育，并初步受到中国传统文化的熏陶。

教学难点

理解寓意，从中受到启发和教育。

教学准备

PPT 课件，课堂学习卡。

课时安排

一课时。

教学过程

一、复习导入，谈话激趣

(1) 复习讨论导入。

师：昨天我们学习了寓言《亡羊补牢》，大家从中懂得了什么道理？

学生讨论并回答。

教师总结寓言的特点：小故事，大道理。

(2) 今天我们要继续学习一则寓言故事，《孟子》中的《揠苗助长》。

教师带领学生反复读"揠"字，引导学生注意发音准确。

(3) 教师带领学生一起书写、齐读课文题目。

(4) 教师范读《孟子》中《揠苗助长》的原文。

师：原文是这样的，你们明白意思吗？不明白也没关系，我们今天学习的课文就是根据这段文字改编的。现在我们就一起来学习这则寓言故事。

【设计意图】

《揠苗助长》是《寓言二则》中的第二课时，所以我只是用简单的谈话复习导入，这样既能复习旧知识，又能顺其自然地引入新课。对于二年级学生来说，揠苗助长的"揠"字是个教学难点，所以我采取一起书写课文题目和齐读的方法来加深学生的记忆。最后我出示了《揠苗助长》的原文，这段小古文对于二年级小学生来说是非常难的，但是我仅仅是用这段文言文引起孩子们的关注，并不要求他们马上理解，这也能提升学生对于古代文化的认知。

二、初读课文，夯实基础

1. 学生自由读课文

教师引导学生注意读准字音，读通句子，不认识的字对照生字表多读两遍。

2. 检查生词的朗读

教师用 PPT 课件出示生词：巴望、焦急、喘气、枯死、筋疲力尽等。引导学生采用自由读、指名读、纠错读等不同的方式开展生词学习。

3. 朗读课文，初步了解词义

师：同学们词语读得很准确。这个有趣的故事，谁愿意读给大家听？同学们边听边思考：揠苗助长是什么意思？

学生自主分段朗读，对朗读展开生生互评和教师评价。

4. 解读课文题目

师：现在谁来联系故事内容说说揠苗助长的意思？

师总结：揠苗助长就是拔高禾苗，帮助禾苗成长。

师：谁能给寓言换个题目？

师总结：是的，这个题目也可以换为"拔苗助长"。

5. 质疑过渡

师：围绕"揠"字，这则寓言故事是怎么发展的？哪些段落写清了事件的起因、经过和结果？带着这个问题，我们一起来学习课文。

【设计意图】

对于二年级学生来说，字词还是课文学习的基础，所以在这一环节，我首先适度放手让学生自己找出生字，并尝试自己解决，可以查字典，也可以同桌互相问一问。最后抓住其中重点字词统一解决，同时用各种朗读来强化正确读音。不同的朗读方式也会增加学生的阅读兴趣。

三、精读课文，理解寓意

(一)精读第一自然段

1. 朗读

学生齐读全文。

2. 精读

(1) 师：谁来说说事件的起因？

(教师根据学生的回答，随机出示句子并指导)

① 教师 PPT 出示课文句子：他巴望自己田里的禾苗长得快些，天天到田边去看。

师："巴望"是什么意思？能换个词吗？有时我们可以用近义词来理解词语。换成"希望""盼望"可以吗？

学生讨论，教师评价，引导学生体会农夫急切的心情。

② 教师 PPT 出示句子：可他总觉得禾苗一点儿也没有长，心里十分焦急。

教师通过关键词"焦急"，引导学生进一步体会农夫的心情。在教学中用近义词"着急"帮助学生理解，并通过课件讲解汉字"焦"。

(2) 教师引导学生按课文填空。

教师 PPT 出示句子：农夫急得在田边_____。

师：禾苗真的一点儿也没有长吗？现实生活中禾苗是怎么成长的？禾苗是一点一点长高的，这就是禾苗生长的规律。农夫为什么没有发觉呢？

学生展开讨论。

(3) 教师引导学生补充情节。

晴天, 农夫_____; 阴雨天, 农夫_____。禾苗会一下子长那么高吗?

学生展开自由讨论。

教师总结: 农夫急切的心情使他忽略了禾苗的生长规律。

3. 再次朗读回顾

师: 我们读书就要这样读。边读边想农夫的样子, 体会他的心情, 这就叫读进书里去了。我们一起来完整地读一读这段话。

(二)精读第二、三自然段

1. 朗读

师: 是啊, 农夫太焦急了, 他得想个办法帮禾苗长啊。他想到办法了吗? 我们来进一步读一读。请同学们用"边读、边想、边体会"的方法, 练习朗读第二、三自然段。比一比, 谁更能读出农夫的形象。捧起书, 自由朗读。

学生自由朗读, 教师随机指导。

2. 精读

(1) 精读第二自然段。

师: 农夫有什么好办法? 说一说你从课文中体会到了什么。

学生讨论交流。

教师引导学生补充情节。

火热的太阳烤着大地, 农夫在_____ ; 口渴了, 农夫还在_____; 腰酸背痛了, 他还在_____ 。

教师引导学生进一步体会"筋疲力尽"一词的含义。

(2) 精读第三自然段。

师: 虽然很累, 可农夫的心情怎样? 说一说农夫觉得他把禾苗往上拔这个方法怎么样。

学生讨论交流。

师总结: 是的, 农夫感觉"力气总算没白费", 正像同学们说的, 他的心情应该是挺高兴、挺满足的。

(3) 再次朗读回顾。

师: 让我们边读边想象, 把农夫揠苗助长的经过再读一读。

学生齐读第二、三自然段。

(三)精读第四自然段

1. 朗读

师: 儿子听了很纳闷, 第二天跑到田里一看, 看到了什么? 儿子是什么心情呢? 哪位同学来读一读，说说自己的看法？

学生朗读，并分析儿子的心情。

教师引导学生理解并读出儿子的心情。

2. 理解寓意

师：真是个愚蠢的农夫啊！禾苗为什么会枯死呢？同学们，你们能给农夫讲明白吗？

学生讨论并交流心得。

师：植物的根离开了土壤，不能吸收水分和养分就会枯死的。为了使大家能够更清楚地理解禾苗成长的规律，老师给大家介绍一下禾苗生长的过程。

学生观看 PPT 课件，进一步直观地体会禾苗生长的规律。

师：农夫急于求成，违反了禾苗生长的规律，干了一件蠢事。所以，我们做事情要想成功，就应该吸取农夫的教训，应该注意什么问题呢？

学生自由发言，交流各自的看法。

师：大家说得都很好！我们做事情就应该遵循规律，不能急于求成。

3. 朗读重温寓言

师：让我们捧起书，把这个故事再完整地读一遍，注意读出故事发展的不同阶段人物的心情。

学生朗读，教师随机指导。

【设计意图】

这一环节是课文学习的重点部分，我一方面按照事情的起因、经过、结果引导学生理清故事内容，另一方面通过各种朗读指导，让学生在读中体会感情，这也是"以读代讲"在低年级段的初步尝试。

四、总结拓展，布置作业

1. 联系生活，指导生字

师：在我们的身边，有揠苗助长的现象吗？联系大家的生活，谈谈你的看法。

学生讨论交流。

师：现在大家都明白了做事要一步一步地来的道理，那我们开始写一写生字，比一比谁写得最好。

教师指导生字：筋，上宽下窄；疲，半藏半露，撇收捺展。

学生在教师的指导下练习写生字。

师总结：写字这样的小事只有一步一步地来才能写得正确美观，生活中其他事情更是需要我们一步一步地来，要遵循规律，不能急于求成。

2. 介绍孟子与《孟子》

师：同学们，我们通过朗读和理解已经知道了这则寓言的寓意，真是小故事包含大道理呀，大家想不想知道这么有趣的故事是谁写的呢？说起来这个人真神奇，他是两千多年前的孟子写的。

教师介绍孟子，学生观看PPT课件，具体内容如下。

孟子，名轲，字子舆，生活在约公元前372年至公元前289年，邹国(今山东邹城东南)人。孟子是战国时期的思想家、政治家、教育家，儒家学派的代表人物之一，与孔子并称"孔孟"。孟子宣扬"仁政"，被称为"亚圣"。记录孟子言行的著作是《孟子》，书中有《鱼我所欲也》《生于忧患，死于安乐》《富贵不能淫》等篇编入中学语文教科书。

师：根据这段介绍，相信你们对于孟子和古代经典《孟子》有了自己的理解。中国文化博大精深，这只是冰山一角，我们在以后的学习中要继续攀登。这节课大家特别认真，所以老师在课堂学习卡中藏了一个小礼物，聪明的小朋友你们找到了吗？是关于《孟子》的小故事，大家课下读一读，下堂课我们来交流展示一下阅读的成果。

3. 布置作业

(1) 把《揠苗助长》这个故事讲给身边的人听一听。

(2) 读一读课堂学习卡中的两则白话故事《五十步笑百步》《学弈》，进一步强化对《孟子》的感知。

【设计意图】

通过以上三个教学环节，学生已经对寓言的文体和本课的寓意有所掌握，所以我安排了写字环节，这样更加突出本课寓意的现实意义，也可以使学生对于寓意的理解更加深刻。接着用图片介绍孟子及其名著《孟子》，引起学生对孟子及其著作的兴趣，其实就是对于中国传统儒家文化的兴趣。最后用课堂学习卡中的白话小故事引导学生对《孟子》寓言进行拓展阅读，并通过布置学生讲《揠苗助长》故事以提升其口语表达能力。

教学反思

本课是小学语文统编本教材二年级下册的课文，二年级上册虽然有著名的寓言故事《坐井观天》，但在教材中并没有提及文体属性问题，所以《寓言二则》是小学生第一次接触"寓言"这一文体。从教材编写角度来说，这是第一次把寓言这种文体介绍给学生，所以在教学设计中，我正式介绍了寓言的特点，在此基础上才引入本课的学习。

在精读课文环节，我通过事件的起因、经过、结果来引导学生理解这个故事，并在理解的基础上指导朗读，在朗读的基础上引入对寓意的理解。随即在写字环节渗透本课的寓意，让学生体会到寓言对现实生活的指导作用。最后通过对孟子及《孟子》的介绍，使学生初步了解孟子这位中国传统文化名人，并且在课堂学习卡中拓展孟子的其他白话寓言故事，例如《五十步笑百步》《学弈》等，加深学生对于古代传统文化尤其是《孟子》的认识。

在教学中我还存在一些需要改进的地方，比如对于二年级小学生来说，孟子与《孟子》一书的介绍稍难，在语言表达上可以更简洁浅显一些。以上是我作为一名小学老师对于《揠苗助长》教学的认识，希望更多同人批评指正。

■ 二、教学分析

通观上述两则案例，第一则以传统文化课的形式出现，第二则以语文新授课的形式出现，前者对小学四年级的学生进行《论语》经典名句的教学，后者对小学二年级的学生进行《孟子》寓言故事的教学。通过比较发现，上述两则教学案例具有如下共性。

一是教学目标设计与《语文》课程标准密切联系。两则案例虽然所属课程类型不同，但从教学目标的设计来看，或是借鉴了《语文》课程标准，或是直接体现了《语文》课程标准。其教学目标均包括三个共同的方面：认读生字、朗读课文和传统文化熏陶。对于二年级和四年级的小学生来说，识字与朗读是感知传统文化的重要手段，也是中国语文教学从古至今一直重视的教学内容。通过两则案例的教学流程也可以看到，在识字教学中均有明确要求学生认读的生字词，在朗读教学中也均呈现出不同形式的朗读活动。当然，第二则案例是典型的语文教学，识字教学所占的比重要明显多于第一则案例。在传统文化熏陶方面，第一则案例重在激发学生以天下为己任的爱国情怀，第二则案例旨在引导学生初步感受中国传统文化，只不过前者在目标指向上更加具体。两则案例的教学目标均体现了人文性与工具性的有效统一，不仅包括字词知识点，也包括阅读方法指导，并最终指向情感态度与价值观培育。可见，两则案例体现了《语文》课程标准中对教学目标三个维度的要求，具有一定的科学性与合理性。

二是教学中注重对学生合作探究能力的培养。两则案例在教学流程的安排上颇有异曲同工之妙，基本上包括如下环节：导入、诵读、讨论、交流、总结、延伸。在以上各环节的实施中，讨论与交流活动均占有较大比重。在第一则案例中，第三个教学环节明确设计为"合作探究"，并分为"初步感知"和"全班交流"两个部分。在初步感知部分，先以学习单中的注释引导学生展开自主阅读，并提出关于阅读的要求——结合注释理解重点词、句，圈画不懂之处——再自然地进入下一个全班交流环节。这种自主探究——合作交流的教学环节设计，环环相扣地训练了学生的自主学习和合作沟通能力。在第二则案例中，虽然没有明确设定合作探究环节，但在"精读"部分几乎处处可见对学生讨论、交流活动的设计，这无疑也体现了对学生合作探究能力的培养。

三是两则案例均注意引导学生联系现实，学以致用。第一则案例不仅引入了苏武与张骞的历史故事，而且同现实生活中屠呦呦发现青蒿素的事件相联系，使学生认识到《论语》精神在古今知识分子当中的传承。第二则案例将《揠苗助长》的寓意与生字指导相联系，引导学生认识到课文所学的寓意在自己的学习中同样有所体现。这种将所学内容与学生熟悉的现实生活相联系的教学方法，在小学教育中经常采用，以上两则案例也运用得比较成功。这种在教学中注意引导学生联系现实、学以致用的教学设计，可以促进学生对所学内容的活学活用，在小学传统文化教育中尤其需要进一步推广，从而有利于小学生充分认识到传统文化的当代价值。

除以上共性特点外，两则案例还具有各自的特点与优点。第一则案例在教学中更注意广征博引，在第四部分结合古今人物事迹感悟《论语》精神，就先设计了苏武牧羊故事、张骞出使西域故事等古代典故，在此基础上才引出当代屠呦呦的爱国故事。同时，在教学过程中还提到了赵普的"半部《论语》治天下"、朱熹的《四书集注》、《诗经》的《无衣》、文天祥的《过零丁洋》等古代典故或经典名篇。这种广征博引为课堂营造了浓厚的古代文化氛围，对于四年级的小学生来说也容易被感染。第二则案例在教学中更注意对学生的循循善诱，突出体现在精读课文部分，教师设计了重点词句分析、朗读体悟、交流讨论、补充情节、观看视频、联系现实等一系列教学活动，从不同的角度引导学生加深对《揠苗助长》寓意的体悟。这种教学设计的精细化比较适合于二年级刚刚接触寓言文体的小学生。同时，第二则案例在课外拓展部分安排学生阅读《孟子》中的《学弈》，但以白话文的形式出现。这一设计有两点可取之处，一是白话文有利于学生理解，二是在小学语文统编本教材的六年级下册有《孟子·学弈》的文言文，这里的课外拓展明显可以起到铺垫作用。

当然，两则教学案例也有需要进一步探讨之处，如第一则案例教师在联系现实时可以更突出一些平凡人的高尚精神；第二则案例对孟子与《孟子》一书的介绍稍难，在语言表述上可以更浅显一些。

三、教学建议

通过对以上两则教学案例的呈现与分析，可以对"四书"在小学传统文化教育中的应用情况有一个初步的了解。从总体来看，"四书"的内容对小学生来说是比较艰深的。即使在传统蒙学中，"四书"也并非启蒙教育的开端，而是以《三字经》《百家姓》《千字文》类的识字读物作为教学的入手处。在今天的小学教育中，"四书"不仅被引入《语文》《品德与社会》等课程教材，而且也是一些学校的校本课程教学内容。在具体的教学活动中，应注意以下问题。

1. 教学目标的针对性

在有关"四书"的教学中，针对不同的教学活动应设定不同的教学目标。以小学语文统编本教材为例，现将教材中涉及"四书"的内容罗列如下。

(1) 《论语》：敏而好学，不耻下问。　　（第2册第7单元"语文园地·日积月累"）

(2) 《论语》：己所不欲，勿施于人。　　（第3册第2单元"语文园地·日积月累"）

(3) 《论语》：与朋友交，言而有信。　　（第3册第2单元"语文园地·日积月累"）

(4) 《孟子》：不以规矩，不能成方圆。　（第3册第2单元"语文园地·日积月累"）

(5) 《孟子·揠苗助长》　　　　　　　　（第4册第12课《寓言二则》）

(6) 《论语》：不迁怒，不贰过。　　　　（第5册第8单元"语文园地·日积月累"）

(7) 《孟子》：仁者爱人，有礼者敬人。　（第5册第8单元"语文园地·日积月累"）

(8) 《论语》：过而不改，是谓过矣。　　（第6册第6单元"语文园地·日积月累"）

(9) 《礼记·中庸》：博学之，审问之，慎思之，明辨之，笃行之。

（第7册第2单元"语文园地·日积月累"）

(10) 《论语》：不怨天，不尤人。　　　（第8册第7单元"语文园地·日积月累"）

(11) 《孟子》：生于忧患而死于安乐。　（第8册第7单元"语文园地·日积月累"）

(12) 《论语》： 敏而好学，不耻下问。

知之为知之，不知为不知，是知也。默而知之，学而不厌，诲人不倦。

（第9册第25课《古人谈读书》）

(13) 《论语》：君子喻于义，小人喻于利。(第10册第8单元"语文园地·日积月累"）

(14) 《论语》：君子坦荡荡，小人长戚戚。（第10册第8单元"语文园地·日积月累"）

(15) 《孟子》：恻隐之心，仁之端也。　（第10册第8单元"语文园地·日积月累"）

(16) 《礼记·大学》：苟日新，日日新，又日新。

（第12册第5单元"语文园地·日积月累"）

(17) 《孟子·学弈》　　　　　　　　　　（第12册第14课《文言文二则》）

从以上对教学内容的罗列可知，语文统编本将大量的"四书"名言安排在了"语文园地·日积月累"部分，其教学目标重在对学生传统文化经典积累的培养上。而《孟子·揠苗助长》《古人谈读书》《孟子·学弈》三课的教学目标则明显要体现出语文课程标准的三个维度。

在校本课程中，教学目标的设定要灵活一些，可根据课程实施的具体情况而定。如上述案例一是校级传统文化课教学大赛的参赛作品，具有明显的校本课程特色。该案例虽然只是对《论语》中"士不可以不弘毅"一段节选内容的教学，但在目标上涉及生字教学、诵读训练、情感与价值观培养三个层面，已经接近比较复杂的语文精读课教学了。因此，在小学传统文化教育中采用"四书"内容，要考虑到教学活动的性质与特点，对不同的教学活动有针对性地设计不同的教学目标，而不应该目标千篇一律或目的性模糊。

2. 采用文献内容的合理性

"四书"的内容较为复杂，既有民族智慧的结晶，也有鲜明的等级制社会烙印，还有一些内容仍存在着训诂方面的争议。在采用"四书"之前，应注意合理编选文献内容，以有效地服务于小学传统文化教育。在这方面，小学语文统编本教材做出了很好的示范。

通读上述对"四书"的节选就会发现，该教材在"日积月累"部分节选的语句均较为简短，内容明白浅显，不仅具有鲜明的教育意义，而且也不存在解释方面的争议。《孟子·揠苗助长》虽安排在二年级下学期，但以白话寓言的形式出现，小学生联系现实生活即可体会到其中的寓意。五年级上学期引入了《论语》三则，六年级下学期引入了文言形式的《孟子·学弈》，在内容上也都是突出对儿童的教育性，形式上则简短凝练。

总之，内容浅显、行文简短的"四书"内容宜在小学传统文化教育中采用。至于大段的经典议论，如《论语》的"侍坐章"、《孟子》的"天将降大任于是人也"、《大学》的"三纲八目"、《中庸》的"天命之谓性"等，由于篇章过长或内容过于艰深，均不宜在小学教育阶段普遍采用，但可以适用于个别学有余力的学生。至于"唯女子与小人难养也""劳心者治人，劳力者治于人"等具有明显等级制社会烙印的内容则不可采用。

3. 教学安排的照应性

无论"四书"内容被安排为校本课程、班队活动还是常规课程教学，对各类相关教学活动的安排都应注意到彼此在教学内容上的照应，以避免出现对相关知识点不必要的重复，这样才能有效地引导学生从不同的角度传承其中蕴含的文化精华。如对孔子生平的介绍，《品德与社会》《语文》《国学》校本课程和《论语》诵读等传统文化教育活动均会涉及，学校如何通过统筹安排，使学生不仅了解孔子的生平，而且能够从不同的角度加深对孔子高尚精神的认识，是教务部门应注意协调的问题。否则，各项与《论语》相关的教育活动均会反复重复孔子的生平这一知识点，造成学生学习时间上的浪费，也容易引起学生的倦怠情绪。

总之，在小学传统文化教育中引入"四书"比较复杂，涉及教学目标的设立、教学内容的选择、教学模式的规划等诸多问题，同时，对教师教学能力的培训与考核也应纳入教育体系之中。目前的小学教育界在《论语》教学方面已经取得了一定的成绩，但对《孟子》《大学》《中庸》中名言警句的教学仍需进一步深入探索。

本章小结

儒家思想是中国传统文化的中流砥柱，"十三经"是儒家具有代表性的十三部经典，其中既包括"五经"也涵盖"四书"，"四书五经"又成为中国儒家文化的核心经典。受宋代理学家程颐、程颢、朱熹的推重，《论语》《孟子》《大学》《中庸》从"十三经"中脱颖而出，成为元代及之后科举考试的必读教材与答题标准。"四书"中的精华内容也被当代小学传统文化教育所吸纳，并主要体现在常规课程教学、课外经典诵读、校园环境建设等方面。

在对"四书"的研读中，应注意《论语》中"仁"与"礼"的思想，《孟子》的民本论、仁政观与性善论，《大学》的"三纲八目"，《中庸》的"慎独"与中和观等，并与小学传统文化教育实践相联系。目前小学在"四书"教学方面取得了一定的成绩，还应注意教学目标设置的针对性、采用文献内容的合理性与教学安排的照应性等问题。

思考题

1. 谈谈你对儒家"十三经"与"四书"之间关系的理解。

2. 你认为在小学开展对"四书"名言警句的诵读，教育目标是什么？为什么？

3. 对"四书"中的名言警句进行归纳整理，并在班级中与同学们进行探讨交流，分析这些名言警句在小学教育中的价值。

第三章 《老子》《庄子》

学习目标

➤ 了解老子与庄子的生平。

➤ 理解小学传统文化教育对《老子》《庄子》内容的采用情况。

➤ 掌握《老子》与《庄子》的内容概要。

➤ 研读《老子》与《庄子》的节选内容。

➤ 初步掌握小学《老子》与《庄子》相关内容教学的特点。

重点与难点

《老子》《庄子》内容概要　研读《老子》与《庄子》的节选内容

导入案例

《新长征、再出发》主题系列活动暨"与经典同行 与圣贤为伴"千人诵读活动

辽宁省沈阳市沈河区文化路第二小学

我们的校园是经典文化浸润心灵的校园。德孝文化在生活中的运用，让我们知礼仪、首孝悌、家庭和睦、学习进步！我们的校园是长征精神铸就灵魂的校园，红军战士坚持不懈、不畏困难、吃苦耐劳、挑战自我的精神品质，让我们在实现中国梦的美好未来的过程中，看到榜样、接力奋斗！2019年12月9日下午，文化路第二小学《新长征、再出发》主题系列活动暨"与经典同行，与圣贤为伴"千人诵读活动在校园里隆重举行。

本次活动由平时负责督导此项工作的大队委员杨茜文、于傲然主持。和她们一起主持的还有吴智钊和张天傲同学。领读嘉宾是：校园榜样、实干兴校的李全宇主任。今天全校师生一起诵读的是《道德经》第45章、第46章和第47章。大队学习委员李翼遥和大队纪律委员和凡越宣读了学校表彰的经典诵读小学长名单。王涛校长、孙世香校长和张辉校长为他们颁奖，奖品是"庆祝建国 70 周年长征文化书签"和经典诵读积分卡。

活动前期，马岚老师曾经单独采访过几个常年为大家服务的经典诵读小学长，问问他们，经典诵读给他们的生活带来了哪些变化和好处？他们说："诵读经典，能让我们全面提升认知能力、逻辑能力、自信心和创造力。诵读经典，能让我们下笔千言、一挥而就，遇见更好的自己！诵读经典，能让我们一日三省吾身，做谦谦君子，孝亲尊师，善待他人……"感谢校领导和亲爱的老师们，让同学们在生命存储能量的最佳时期，带领我们诵读经典、积累人生智慧。大家要做的、能做的就是：正确的事情坚持做！坚持的事情用心做！就像校领导期望的那样："坚持目标不动摇，坚守过程不懈怠，坚持拿到成果不放弃！"

文化育人、精神铸人，只有合二为一，才能让人民有信仰，民族有力量，国家有希望！希望同学们从小培养自己艰苦奋斗、戒骄戒躁的作风，以时不我待、只争朝夕的精神，奋力走好新时代的长征路。祝福亲爱的同学们坚持诵读、拿到成果，学以致用、成为栋梁，服务他人、快乐自己！让我们时刻准备着，为实现中国梦的美好未来接力奋斗！

案例分析

该案例选自沈阳市沈河区文化路第二小学微信公众号第 854 期的《校园风采》。此次经典诵读活动将《老子》诵读与继承长征精神相结合，通过全校师生诵读《老子》、校领导为经典诵读小学长颁奖等形式，鼓励学生们坚持经典诵读、走好自己的长征路，从而将坚持经典诵读与弘扬红军长征精神相联系，体现了传统文化教育与革命教育的有效融合。

据王涛校长介绍，该校的传统文化经典诵读有两大特色，一是以《老子》诵读为主，二是强调素读，反对教师对经典内容的分析阐释。其原因在于：《老子》全书共八十一章，每一章均篇幅短小、韵律自然，特别具有诗歌的韵味，非常适合小学生诵读。同时，小学生一般年龄在 6~12 岁，这个年龄段的孩子以形象思维为主，又具有极强的领悟力、感知力。素读，就是让孩子在熟读成诵中自己去领悟、感知经典，即使读不懂也没有关系，可以先把经典印在脑海里，以后用一生去慢慢体会。经实地调研发现，该校的《老子》诵读还具有日常化、大型化的特色。日常化是指每天下午各班都会定时诵读，大型化是指定期举办全校师生共同诵读的大型活动。

除诵读活动之外，《老子》《庄子》在小学的语文教学、学校文化建设方面也屡屡被采用。

在小学语文教材中的采用情况，以小学语文 S 版与统编本教材为例加以分析。这两种教材均有课文《坐井观天》，该文改写自《庄子》外篇的《秋水》，写的是青蛙目光短浅而又自以为是的故事。所不同的是，S 版将其编选在二年级下册第 20 课的《寓言两则》，并未注明该课文出处。统编本则将其编选在二年级上册的第12课，独立构成课文，并注明课文根据《庄子·秋水》相关内容改写。可见，统编本将这则寓言的编选时段提前了，并在注释中突出了课文出处。出处的标注不仅使教材编写更严谨，而且在潜移默化中使小学生对《庄子》有了初步的认识。同时，这两版教材在课后习题的设计上也有所不同。S版有三道相关习题：一是分角色朗读《坐井观天》；二是想一想，说一说，青蛙和小鸟的看法为什么不一样；三是想一想，青蛙如果跳出井口，它会看到什么，会说些什么，把自己想到的写下来。统编本的课后习题有以下两道。

分角色读好课文中的三句话，这三句话分别为：天不过井口那么大，还用飞那么远吗？天无边无际，大得很哪！不信，你跳出井来看一看吧。

思考小鸟和青蛙在争论什么，它们的说法为什么不一样？

通过比较会发现，S版从全文朗读、寓意理解、想象写作三个角度对学生展开训练，统编本只从关键句朗读和寓意理解两个角度设计习题。这虽然与统编本编选时段提前有关，也在一定程度上体现了学习难度的降低。另外，语文S版在四年级下册的课文中还选入了《庄子·秋水》中的另一则寓言《邯郸学步》，同样没有注明出处，该寓言在统编本中则没有选入。可见，这两版教材对《庄子》寓言的选入各有特色，S版数量稍多但并未突出《庄子》，统编本突出了《庄子》，但数量减半、学习难度也有所降低。

在《老子》内容的编选上，S版教材并无选录，统编本选录了《老子》中的三则名言警句，分别为：

(1) 千里之行，始于足下。　　(第1册第7单元"语文园地·日积月累")

(2) 轻诺必寡信。　　(第4册第4单元"语文园地·日积月累")

(3) 胜人者有力，自胜者强。(第8册第7单元"语文园地·日积月累")

统编本中《老子》的编选篇目明显少于《论语》《孟子》，这和《老子》内容的艰深有直接关系。但同S版相比，对《老子》中名言的选录仍是有所增多的。以上三则名言分别体现了做事要从当前小事做起、承诺要慎重诚信、要善于战胜自我等思想，在当今时代也比较具有教育意义。同时，文字表述的简洁、平实也有利于小学生理解。

其次，《老子》也被应用于学校文化建设方面，河北省易县第一小学的若水文化体系可为代表。易县第一小学在地域上与建于唐代的老子道德经幢相临，该校根据这一地域优势，以《老子》的"上善若水"为核心理念和校训，构筑了若水文化体系。除了核心理念外，这一文化体系还包括：核心品格——正、善、容、韧、韵、清、灵；核心精神——亲仁、尚勇、达智；办学宗旨——培养若水品质，释放学生潜能；学校发展定位——求以水为镜育人境界，创以生为本若水课堂等。该校在若水课堂的打造上也比较具有特色：在"上善若水"的核心理念指引下，遵循"水随器而方圆"的理念，确立了以生为本的教学原则，设计了包括学、思、论、展、练为主要环节的若水课堂，旨在体现和谐、灵动、探究、碰撞的课堂特点。[①]可见，河北易县第一小学根据地域文化优势，灵活运用《老子》的思想，合理地汲取合乎当代教育、教学理念的积极元素，形成了比较系统、全面的学校文化体系，实现了传统文化精华与当代教育实践的有效融合。

与儒家的"四书"相比，道家的《老子》《庄子》更为艰深。在小学传统文化教育中采用这两部经典，先要对相关文化常识有一个大概的了解，才能有利于教育工作的顺利展开。

第一节 《老子》《庄子》概述

《老子》与《庄子》既是道家的重要典籍，也是道教的代表性经典，在宗教、政治、哲学、文学等领域均产生了较大的影响。在研读之前应明确，这两部著作在产生伊始，阐释的皆是道家学术思想，但后来被中国本土性的宗教——道教所吸纳，才成为道教的重要典籍。在研读《老子》《庄子》时，也应从道家学术的角度而非道教的宗教角度展开思辨。

一、老子与庄子生平

老子是道家学派的创始人，其生平详情实难考辨。司马迁的《史记》中记载："老子者，楚苦县厉乡曲仁里人也，姓李氏，名耳，字聃，周守藏室之史也。"唐代司马贞的《史记索隐》："藏室史，周藏书室之史也。又《张苍传》'老子为柱下史'，盖即藏室之柱下，因以为官名。"他的职位相当于东周皇家图书馆馆长。《史记》还记载了孔子向老子问礼之事，老子告孔子曰："君子得其时则驾，不得其时则蓬累而行""君子盛德，容貌若愚""去子之骄气与多欲，态色与淫志，是皆无益于子之身"。其大意是告诫孔子当顺应自然，少欲、戒贪以养身。孔子对老子的评价也较为著名，孔子谓弟子曰："龙吾不能知，其乘风云而上天。吾今日见老子，其犹龙邪！"以龙喻老子，为其增添了神秘色彩。《史记》对《老子》成书也有记载："老子修道德，其学以自隐无名为务。居周久之，见周之衰，乃遂去。至关，关令尹喜曰：'子将隐矣，强为我著书。'于是老子乃著书上下

---

① 邢成君. 校园文化建设如何从理念到实践[J]. 人民教育，2019(6)：60-61.

篇，言道德之意五千余言而去，莫知其所终。"①可见，《老子》的成书有两点原因，一是周朝的衰败使老子弃官归隐，二是关令尹喜的请求。但是《史记》的记载较为简略，尤其对老子的去向仅用了五个字："莫知其所终"，颇有扑朔迷离之感。

后世对老子与其书均有较大争议，一说老子即教诲孔子的李耳，是春秋后期人，代表者如马叙伦、郭沫若、任继愈等；一说老子是战国时代人，《老子》是战国时代的书，代表者如梁启超、冯友兰、罗根泽、范文澜等；一说《老子》成书在秦汉之间，代表者如顾颉刚等；一说《老子》成书在《庄子》之后，代表者如钱穆等②。以上诸说纷纭，所涉多为学术界大家，至今尚无定论。

老子后世又被道教所神化，更增添了形象的神秘性。东汉后期张道陵创立五斗米道，奉老子为太上老君。南北朝时期，由于出现了元始天尊等神灵，太上老君在道教中的地位有所下降。唐朝因皇室与老子同姓，故将太上老君与元始天尊、灵宝天尊并立，统称为"三清"③。可见，老子被渲染为道教中比较重要的一位神灵。

关于庄子的生平，《史记·老子韩非列传》中有简要的提及："庄子者，蒙人也，名周。周尝为蒙漆园吏，与梁惠王、齐宣王同时。其学无所不窥，然其要本归于《老子》之言。"④从这一段话可知，庄子名周，生活在战国中期，与梁惠王、齐宣王是同时代人，他虽所学广博，但主要继承的仍是《老子》的哲学思想。至于庄周的故乡蒙及其所任的漆园吏之职，历来众说纷纭，并没有定论。不过可以想见，庄子的社会地位并不高。《史记》中还有一段庄子拒绝出仕的记载，言楚威王派使者请庄子出仕为相，庄子拒曰："我宁游戏污渎之中自快，无为有国者所羁，终身不仕，以快吾志焉。"⑤从中可见庄子不求闻达、不慕名利，以不受功名束缚为适意。庄子和老子一样，在后世也被进一步神化，唐玄宗曾追号庄子为南华真人、《庄子》为《南华真经》，宋徽宗也曾封庄子为微妙元通真君。

从老子与庄子的生平可知，他们生活在东周时期，正是周天子统治式微、天下杀伐征战频仍的时代，这是老子、庄子独特思想产生的社会根源。历史上对老子、庄子生平的记载均较简略，这与他们弃世隐遁、不慕名利、不与黑暗现实同流合污的生活态度有直接关系。至于后世对他们的神化，则主要是由于道教的宗教宣传及统治者巩固统治的需要。

① (汉)司马迁. 史记(卷63)[M]. 北京：中华书局，1982：2139-2140.
② 饶尚宽译注. 老子[M]. 北京：中华书局，2006：2-3.
③ 谢谦. 国学词典[M]. 北京：中国人民大学出版社，2007：43.
④ (汉)司马迁. 史记(卷63)[M]. 北京：中华书局，1982：2143.
⑤ (汉)司马迁. 史记(卷63)[M]. 北京：中华书局，1982：2145.

二、《老子》概要

《老子》又名《道德经》，全书共八十一章，在内容上包含道经与德经两部分，是道家的第一部经典著作。历来发现的《老子》的版本不一，如湖北荆门郭店的楚简本、湖南长沙马王堆的帛书本以及敦煌五千文本等。这些版本的内容并不完全相同，如传统上道经在前，德经在后，但长沙马王堆的帛书则是德经在前，道经在后。《老子》的注本更是繁多，其中三国时王弼的注本成书于曹魏正始年间，是千百年来流传最广的本子。其他比较著名的古代注本还有《韩非子》的《解老》、假托西汉河上公的《老子章句》、清代魏源的《老子本义》等。

在《老子》的哲学体系中，道德论、无为论是关键，尤以道德论为核心与基石。现对其中的主要概念——"道""无为"做一简要的介绍，《老子》原典采用《文渊阁四库全书》中的王弼注本[①]。

首先是关于"道"的理念。《老子》认为道是宇宙的本源，"道生一，一生二，二生三，三生万物"(第 42 章)，这是老子著名的宇宙生成论，阐释了道创生万物的活动历程。道主要的特点是无形无声，不可言说的，并处于周而复始的运动之中，即"道可道，非常道，名可名，非常名"(第 1 章)，"寂兮寥兮，独立不改，周行而不殆，可以为天地母"(第 25 章)。这一神秘的"道"是道家思想的最高理念，也是《老子》思想的核心，最通俗的说法就是世间万事万物所必须遵循的规律。[②]也有学者认为，道的存在是非经验性的形而上的存在，只是老子的一种预设，其优点即在于解释宇宙现象时，破除了人格神创造世界的说法，而重视万物的自生自长、纯任自然。[③]从上述对"道"的阐释可见，老子提出这一理念的进步性在于他打破了人格神创世的假设，体现了对万物自然生长的认可。但"道"的理念所呈现的老子的宇宙观，更偏重于形而上的非经验性的存在。

其次是关于"无为"的理念与处事态度。《老子》主张"无为"，因为"道常无为而无不为"(第 37 章)。何为"无为"？"无为"何以能够"无不为"？历来有不少学者对此做出了阐释。范应元认为：无为是一种虚静恬淡的状态，天、地、人、物得之以运行生育，这就是"无不为"了。冯友兰认为：道是无目的、无意识地分出万物的，这种无目的、无

---

① (魏)王弼. 老子道德经[M]//(清)永瑢. 纪昀等. 影印文渊阁四库全书(第 1055 册). 台北：台湾商务印书馆股份有限公司，1987.

② 刘毓庆. 国学概论[M]. 北京：北京师范大学出版社，2009：175.

③ 陈鼓应. 老子注译及评介(修订增补本)[M]. 北京：中华书局，1984：43-44.

意识就是无为，就道生万物来看，道就是无不为的。张岱年认为：道是自然的，故常无为，道生成一切，故又无不为。[①]以上观点皆认为，道是顺应自然而创生万物的，即"无为而无不为"。也有学者进一步指出：老子提倡无为是指不要违背自然、强自妄为，通过不违背自然、合于自然之道的行为，最后才能达到无不为的境界。[②]

正是在无为论的支持下，《老子》主张人应秉持谦下、不争的处世态度。第 25 章云："人法地，地法天，天法道，道法自然。"即人是应当效法道而顺应自然的。既然道无为而无不为，则人亦当无为才能合于道，谦下不争的处世态度正是无为观在现实生活中的具体实践。老子介绍自己的处世三宝分别为：慈、俭和不敢为天下先(第 67 章)，主张"上善若水"(第 8 章)，这些都是谦下不争的具体体现。当然，一味地退让容易消磨人的奋发精神，老子所说的"上善若水"侧重于水的无私、自然的状态，而这种状态与道的境界是最相应的。《老子》也反复强调谦下不争的好处，典型的例子仍然是水。"天下莫柔弱于水，而攻坚强者莫之能胜，以其无以易之。弱之胜强，柔之胜刚，天下莫不知，莫能行。"(第 78章)即世间最柔弱的是水，但冲击坚硬的东西却没有能够胜过它的，它是无可替代的。这也就是以弱胜强、以柔克刚的道理。这很容易让人联想到水滴石穿，可见老子所说的水的柔弱，并不是软弱无力，而是一种坚韧不拔的精神。

《老子》还阐释了道德、虚静、无欲、祸福、小国寡民、功成不居等其他理念，皆是在他的道论与无为观的基础上进一步生发的。

三、《庄子》概要

《庄子》是庄子及其后学创作的文集。全书共三十三篇，由内篇、外篇、杂篇三部分构成。历来关于《庄子》的作者与内篇、外篇、杂篇的产生众说纷纭，一般认为内篇为庄子所做，外篇、杂篇出于其门人后学之手。据《汉书·艺文志》记载：《庄子》有五十二篇之多，晋人郭象对古本五十二篇做了删改，并在借鉴当时各种注本的基础上，创造性地进行了个人独特的阐释，他的注本在历代的推崇下逐渐成为定本，即今天所见的《庄子》，而古本《庄子》在唐以后就散佚了。历来注释《庄子》者亦多，古代除郭象的注本外，清人王先谦的《庄子集解》、郭庆藩的《庄子集释》也较为通行。

《庄子》继承《老子》的哲学思想并有进一步的生发，齐物论、逍遥游是其中两个重

---

① 陈鼓应. 老子注译及评介(修订增补本)[M]. 北京：中华书局，1984：203.

② 曹胜高. 国学通论[M]. 北京：北京大学出版社，2008：113.

要的哲学理念,也是其哲学体系的核心与关键。本书论述中对《庄子》原典的引用取《文渊阁四库全书》中的郭象注本。①

齐物论是对《老子》"道"的理念的进一步阐释,实质上体现了《庄子》的宇宙观。《庄子》认为:"天地与我并生,而万物与我为一。""天地一指也,万物一马也。""道通为一。"(《齐物论》)简单来说,即从道的角度来看,世间万事万物都是道的体现,是平等而无差别的。《庄子》借孔子之口进一步阐释:"仲尼曰:'自其异者视之,肝胆楚越也;自其同者视之,万物皆一也。'"(《德充符》)即同与不同,只在于看待事物的立场而已。为了更形象地阐释这种万物平等无差别论,《庄子》设计了一个庄周梦蝶的故事,即庄周在睡梦中梦见自己变成了蝴蝶,醒来后不知是庄周梦为蝴蝶还是蝴蝶梦为庄周。故事结尾点明主旨:"周与胡蝶,则必有分矣。此之谓物化。"(《齐物论》)即庄周与蝴蝶虽然不同,但若从道的角度来看,则可以消解两者之间的界限,体现出万物融合为一的境界。很明显,《庄子》的齐物论是在《老子》道生万物的基础上,进一步阐释万物是道的体现,与《老子》的道论是一脉相承的。这一观点的进步性在于:在战国中期诸侯争霸的动荡时代,对万物平等无差别理念的宣扬相当于对等级社会的大胆宣战。但若万物完全平等无差别,也就泯灭了事物之间的界限,尤其是泯灭了是非、善恶等观念的界限,这在现实生活中是不可能存在的。

逍遥游是《庄子》的另一重要哲学观,出自《庄子》内篇之《逍遥游》,实质上阐释的是《庄子》的人生观。由于其文采斐然,在哲学史、文学史上都属于经典名篇。该文提出:从翅膀大如天边之云的鲲鹏,到小小的空中尘埃,再到荣辱皆不动于心的贤者宋荣子、能御风而行的列子,均是"有所待者"。何为"有所待"?即有所依待,有所拘束,以至于精神不得自主,心灵不得安放。②《庄子》认为,"若夫乘天地之正,而御六气之辩,以游无穷者,彼且恶乎待哉!故曰,至人无己,神人无功,圣人无名。"即如果能够顺应自然的规律,把握自然的变化,达到无己、无功、无名的精神境界,就能够使心灵无所拘束,获得遨游于无穷的真正的自由。实际上,这种对自由的极致性追求,体现了对现实的超越与解脱的渴望。这一观念的形成当与战国中期战争频仍的现实有密切关系,体现了人在苦难困顿中对心灵救赎的渴求。《庄子》还提出了心斋、坐忘、顺应生死、不为物役、无用乃大用等主张,实质上都是在反复诠释这种精神上的绝对自由的状态。《庄子》的逍遥游与齐物论一样具有两面性,从积极角度来看,体现了对战国时期苦难现实的批判,但其追

---

① (晋)郭象. 庄子注[M]//(清)永瑢. 纪昀等. 影印文渊阁四库全书(第1056册). 台北:台湾商务印书馆股份有限公司,1987.

② 陈鼓应. 庄子今注今译[M]. 北京:中华书局,1983:20.

求的绝对的精神自由在世俗人生中也同样是不可能实现的。

此外，《庄子》在政治上抨击现实的"窃钩者诛，窃国者为诸侯"；在美学上推崇天地之大美而不言，主张法天贵真；在文艺上主张朴素之美、重视经验积累、推崇超然物外等，皆与齐物论、逍遥游思想有着密切的关系，而其思想的源头，还是在《老子》的无为之道上。

上述阐释只是《老子》《庄子》哲学体系中的冰山一角，从小学传统文化教育的角度来看，虽然不需要进行全面的哲理思辨，但应对上述基本的哲学概念有所把握，并能够做出合理的分析解读。

第二节 《老子》《庄子》研读

《老子》与《庄子》阐释了先秦道家的核心理念，内容丰富而意蕴深邃，历来注释、阐释之作不胜枚举。下面选取适合小学传统文化教育的内容加以研读，采用的文献原典仍是《文渊阁四库全书》本，注释据朱谦之的《老子校释》[1]、陈鼓应的《老子注译及评介》[2]、《庄子今注今译》[3]、曹础基的《庄子浅注》[4]、饶尚宽译注的《老子》[5]、方勇译注的《庄子》[6]等，由于节选与注释内容繁多，下文不再一一注明出处。

一、《老子》节选研读

《老子》虽然内容艰深，但有很多语句在今天仍然具有生命力，如"千里之行，始于足下""大器晚成""出生入死""功成身退""祸兮福所倚，福兮祸所伏"等。本节从小学传统文化教育的角度出发，参考目前普及的小学语文统编本教材，节选《老子》中的六段文字加以研读。

---

① 朱谦之. 老子校释[M]. 北京：中华书局，2000.
② 陈鼓应. 老子注译及评介(修订增补本)[M]. 北京：中华书局，1984.
③ 陈鼓应. 庄子今注今译[M]. 北京：中华书局，1983.
④ 曹础基. 庄子浅注(修订重排本)[M]. 北京：中华书局，2007.
⑤ 饶尚宽译注. 老子[M]. 北京：中华书局，2006.
⑥ 方勇译注. 庄子[M]. 北京：中华书局，2010.

1. 上善若水。水善利万物而不争，处众人之所恶，故几于道。(第8章)

[注释]

利：滋润。

处：停留。

恶：厌恶。

几于道：接近道。

[译文]

上善之人像水一样。水善于滋润万物而不与万物相争，停留在众人所厌恶的低洼之处，所以接近于道。

[研读]

"上善若水"是《老子》的名言，至今仍广为流传。老子以水为喻，目的是阐释谦下不争的处世观。虽然一味地退让并不可取，但老子在此处强调的是水的"善利万物而不争"，突显的是一种无私、博大的奉献精神。从这一角度来看，"上善若水"的理念还是颇有可取之处的。

2. 知人者智，自知者明。胜人者有力，自胜者强。(第33章)

[注释]

知：了解，识别。

智：智慧。

明：聪明。

强：刚强，坚强。

[译文]

能够识别别人的人可谓有智慧，能够了解自己的人可谓聪明。能够战胜别人的人有力量，能够战胜自己的人可谓刚强。

[研读]

这是从《老子》第三十三章中节选出的一段文字。第三十三章的主旨讲修身，老子在自知、自胜的基础上，还谈到了知足、强行(努力不懈)、不失其所(不失根本)、死而不亡(身死而精神不朽)。可见，第三十三章将自知、自胜作为修身的根本。在小学语文统编本教材中，也将"胜人者有力，自胜者强"选入四年级下学期第七单元的"语文园地·日积月累"中，教育小学生要学会战胜自我。

3. 治大国，若烹小鲜。(第 60 章)

[注释]

治：治理。

若：如同，好像。

烹：煎，煮。

小鲜：小鱼。

[译文]

治理大国，就如同煎、煮小鱼一样(不要随意翻动)。

[研读]

这是《老子》第六十章中的第一句，全章所论皆是治国之道。在治国原则上，《老子》主张无为而治，其形象化的阐释即以此句为代表。煎、煮小鱼时主厨者随意翻动则无完鱼，治理国家时统治者也不应以繁令扰民、以苛政害民，而应以清静无为之道使天下承平。这一警句虽短，但对中国古代的封建统治曾产生过重大的影响。

4. 夫轻诺必寡信，多易必多难。是以圣人犹难之，故终无难矣。(第 63 章)

[注释]

夫：句首语气词。

诺：应允。

犹：均，都。

[译文]

轻易地应允一定会失信，把事情看得太容易一定会遇到很多困难。因此圣人把一切事情都看得有难处，所以最终就容易化解困难。

[研读]

这是第六十三章中的最后一段，全章所论仍是修身之道，并强调了三个方面：一是无为；二是要注意事物发展由小而大、由易而难的规律，故应"图难于其易，为大于其细"，即从易处、小处入手，逐渐走向成功；三是本段内容，论做事不可轻忽草率，处理一切问题都应慎重。

总体来看，第六十三章的内容含量比较丰富，其中的"为无为，事无事，味无味""图难于其易，为大于其细""轻诺必寡信，多易必多难"等句皆较著名。在小学语文统编本教材中，选取了"轻诺必寡信"一句，安排在二年级下学期第四单元的"语文园地·日积月累"中，以名言警句的形式突显重视承诺的传统价值观。

5. 合抱之木，生于毫末；九层之台，起于累土；千里之行，始于足下。(第 64 章)

[注释]

毫末：细小的萌芽。

累土：一筐土。

[译文]

合抱粗的树木，产生于细小的萌芽；九层的高台，起始于一筐土；千里的行程，开始于脚下。

[研读]

这段先以树木、高台作铺垫，引出做人应从当下入手，脚踏实地、逐步积累才能有所成就。在小学语文统编本教材中，选取了"千里之行，始于足下"一句，安排在一年级上学期第 7 单元的"语文园地·日积月累"中。对于一年级刚入学的小学生来说，用此名言可以起到激励的作用，即鼓励学生们从当下做起，走好自己的学业之路、人生之旅。可见，《老子》的思想虽然深奥，但将其中的部分内容灵活应用于小学教育，是具有一定的现实针对性的。

6. 民之从事，常于几成而败之。慎终如始，则无败事。(第 64 章)

[注释]

从事：做事。

几：接近。

[译文]

人们做事情，常常在接近成功的时候失败了。如果能像慎重地对待开始一样对待结束，就没有失败的事情了。

[研读]

这段与上段皆选自第六十四章，若去掉错简的部分，则全章论述三层内容：做事应未雨绸缪、从当下入手、慎终如始。这段内容紧承上段，在"千里之行，始于足下"的基础上，进一步阐发慎终如始的道理。这两段文字皆较为简洁且内容浅显，比较适合在小学教育中采用。

二、《庄子》节选研读

《庄子》语言汪洋纵恣，阐释理念深奥精微，从这些特点来看本不应在小学教育阶段采用，但《庄子》为阐明主旨，创作了大量新奇、有趣的寓言、成语，将其加以节选或改写后，也比较适合小学教育。在导入案例中提到的小学语文教材中的《坐井观天》与《邯郸学步》两篇课文，即是对《庄子》寓言比较成功的改写。现对这两则寓言原文加以研读，并与小学教材中的改写课文加以比较。

1. 公子牟隐机大息，仰天而笑曰："子独不闻夫坎井之蛙乎？谓东海之鳖曰：'吾乐与！出跳梁乎井干之上，入休乎缺甓之崖；赴水则接腋持颐，蹶泥则没足灭跗；还视虷、蟹与科斗，莫吾能若也！且夫擅一壑之水，而跨跱坎井之乐，此亦至矣。夫子奚不时来入观乎？'东海之鳖左足未入，而右膝已絷矣，于是逡巡而却，告之海曰：'夫千里之远，不足以举其大；千仞之高，不足以极其深。禹之时十年九潦，而水弗为加益；汤之时八年七旱，而崖不为加损。夫不为顷久推移，不以多少进退者，此亦东海之大乐也。'于是坎井之蛙闻之，适适然惊，规规然自失也。"

[注释]

公子牟：魏国的公子，名牟，文中将其称为公子牟、魏牟。此段节选公子牟与公孙龙的一段对话。

隐机：靠着小桌子。隐：倚，靠。机：通"几"，小桌子。

大息：叹息。

独：难道。

坎井之蛙：浅井中的青蛙。坎井：浅井。

跳梁：跳跃。

井干：井栏。

休：休息。

缺甓之崖：井壁破砖边上。甓：砌井壁用的砖。

接腋持颐：接、持：承托。腋：腋窝。颐：腮。

蹶：踏。

跗：脚背。

还视：回头看。

虷：一说为孑孓，一说为井中赤虫，一说为蚧蛤之类。

擅：独占。

壑：坑。

跨跱：盘踞。

奚：为什么。

縶：绊住。

逡巡而却：迟疑地后退。逡巡：迟疑徘徊、欲行又止的样子。却：后退。

潦：同"涝"，雨多而淹没，此指水灾。

推移：变化。

适适然：惊怖的样子。

规规然：自失的样子。

[译文]

公子牟靠着桌子叹息一声，仰天大笑对公孙龙说："你难道没有听说过浅井里的青蛙吗？青蛙对东海的大鳖说：'我真快乐！我出来可以在井栏上跳跃，回去可以在井壁破砖边上休息；跳到水里，水便托起我的两腋和两腮，踏进泥里，泥就没过了我的脚背。回头看看那些虾、蟹和蝌蚪，都不能像我这样快乐。而且我独占了一坑的水，盘踞在浅井中的快乐，这也是快乐的极致了，您为什么不时常进来看看呢！'东海之鳖左脚还没进入，右膝盖已经绊住了，于是就迟疑地后退，告诉青蛙大海的样子，说：'用千里的遥远，不足以形容大海的广大；千仞的高度，不足以量尽大海的幽深。大禹的时候十年有九年发生水灾，海水也没有增加；商汤的时候八年有七年发生旱灾，海岸的水位也没有下降。大海不会因为时间的长短而发生改变，不会因为雨水的多少而有所增减，这是东海的大快乐啊。'浅井中的青蛙听到后，惊怖失措而又茫然若失。"

[研读]

这一段节选自《秋水》中公孙龙与魏公子牟的对话。公孙龙是战国时期的赵国人，乃战国四大公子之一平原君的门客，以善辩著称，属于诸子百家中的名家。《秋水》写公孙龙向公子牟求教庄子之道，公子牟以坎井之蛙与东海之鳖的对话作答，暗指公孙龙所见如浅井般狭小，庄子之道则如东海般广大，乃其他学说所难以企及的。

在小学语文教材中，对这一则故事进行了改写。原文的对话体不变，但将对话双方改换为青蛙与小鸟。对话内容完全改变，课文内容如下。

青蛙坐在井里。小鸟飞来，落在井沿上。

青蛙问小鸟："你从哪儿来呀？"

小鸟回答说："我从天上来，飞了一百多里，口渴了，下来找点儿水喝。"

青蛙说："朋友，别说大话了！天不过井口那么大，还用飞那么远吗？"

小鸟说："你弄错了。天无边无际，大得很哪！"

青蛙笑了，说："朋友，我天天坐在井里，一抬头就能看见天。我是不会弄错的。"

小鸟也笑了，说："朋友，你是弄错了。不信，你跳出井来看一看吧。"

在改写中，原文青蛙对浅井之乐的形容被完全去掉了，东海之鳖对大海深广的陈述也未采用，而是在对天之"大"的不同感知上入手，设计了一段青蛙与小鸟妙趣横生的争论。原文中不同学派的高低之争自然也被删去了，代之以对目光短浅者的讽刺。

2. (公子牟曰)"且子独不闻夫寿陵余子之学行于邯郸与？未得国能，又失其故行矣，直匍匐而归耳。"

[注释]

寿陵：燕国地名。

余子：少年人。

邯郸：战国时赵国国都，在今河北省南部。

国：赵国。

故行：从前的步法。

直：同"只"。

匍匐：爬行。

[译文]

(公子牟对公孙龙说：)"而且你难道没听说过寿陵的少年人到邯郸学习走路的故事吗？他没有学会赵国人的走法，又忘记了自己从前的步法，只好爬行回燕国去了。"

[研读]

这一段上承坎井之蛙，仍是公子牟对公孙龙的回答。上段公子牟将公孙龙喻作难懂大海深广的浅井之蛙，这一段则又将其比作到邯郸学步却匍匐而归的寿陵少年，意在反衬庄子之道的高深。

小学语文 S 版教材对此故事进行了改写，并将其收入四年级下学期的课文《寓言二则》中。在人物设定上，课文中的主人公仍为寿陵人，但并未明言其为少年。在情节设计上，课文保留了原作的故事轮廓，但叙事更加细致周到，具体内容如下。

从前，燕国寿陵有一个人，嫌当地人走路的姿势不好看，决定到赵国的首都邯郸去学走路。

一进邯郸城，他就觉得路上的行人走路的姿势十分优雅，很有特点，就跟在行人后面一扭一摆地学起来。

学了几天，不见进步。他想，一定是我走路的习惯太顽固了，只有把原来的走法彻底忘掉，才有可能学到新的走法。于是，他抬腿、跨步、摆手、扭腰，都机械地模仿邯郸人的姿势。这样，过了一段时间，新的走法没有学会，原来的走法倒全忘记了。当他返回燕国时，只好爬着回去。

这篇课文的改写成功之处有三：一是情节比原作完整，对寿陵人学步的原因、学步的波折与最终的结果都有叙述，故比原作更具有叙事的完整性。二是对寿陵人的错误有明确的揭示：寿陵人好学并没有错，错在机械地模仿，故比原作更具叙事的合理性。三是有对寿陵人学步的动作细节描写，比原作人物形象更丰满。可以说，这篇课文完整、合理而又生动地叙述了寿陵人到邯郸学步的故事，比原作情节充实、叙述生动、人物形象丰满。

通观以上两例可以发现，小学语文教材对《庄子》原文的改写有两个特点：首先是不与《庄子》的哲理产生关联，而是突出改写内容的独立性与现实寓言性特征。《秋水》原文先写河伯与北海若的对话，意在阐释齐物论思想，其后公孙龙与魏公子牟的对话则重点突出庄子学说的高深与难以企及。课文改写与原作本意并无关联，只是借助原作之框架，另写或扩写寓言故事，突出目光短浅与机械模仿之弊。这样改写不仅避免了深奥的道家哲理阐释，也能突出寓言的现实教育性。其次是在改写中体现出儿童的审美趣味。无论是《坐井观天》还是《邯郸学步》，在叙事中皆注意情节稍有波折、人物形象丰满、语言浅显简洁，符合儿童以形象思维为主的心理特点，易于为儿童所理解、接受。

第三节　小学《老子》《庄子》教学案例与分析

一、教学案例

老子诵读.mp4

案例一：《老子》冥想式诵读[①]

该项教学研究尝试将道家冥想理念与《老子》诵读相结合，形成冥想式诵读教学。研究者使用行动研究法，在某师范大学附属小学随机选取三年级的 68 名学生展开教学研究与实践。现根据研究过程的描述，对其诵读教学情况进行归纳整理。

《老子》冥想式诵读教学每周 1 课时，每课时 35 分钟，共 6 课时。整体教学分为三个阶段，分别为：冥想放松之后诵读、初步尝试聚焦式冥想、将外向情境式冥想与内观聚焦式冥想诵读相结合。在具体教学过程中，每次内观诵读时间为 15 分钟，其中"三调"——调形(调整坐姿)、调心(调整意识)、调息(调整呼吸)——时间约为 5 分钟，《老子》诵读时

---

① 张梦蕾，刘峻杉. 道家经典诵读与冥想结合的小学国学课程研究[J]. 课程·教材·教法，2018(4)：52-58.

间约为 10 分钟。具体教学过程如下。

1. 第一阶段: 冥想放松之后诵读

教学目标:

学生感受传统文化氛围,对经典产生亲近感。

初步体验道家的"三调",即调形(调整坐姿)、调心(调整意识)、调息(调整呼吸)。

教学过程:

第一课时: 课前播放《老子》的诵读音频作为背景音乐,调整学生进入上课状态。上课伊始,播放古风动画视频,用简单的小问题调动学生的学习兴趣。随后进入诵读体验环节,引导学生进行大约 5 分钟的简单"三调":身体坐正放松,手放在腿上,慢慢地闭上眼睛,使自己意识集中。

第二课时: "三调"的引导词更加明确,引导学生一调形(身体坐正放松)、二调心(集中意识,放松安宁)、三调息(调整呼吸细、长、匀、深),时间大约为 5 分钟。三调后,学生诵读《老子》第一章,主要是跟着音频诵读和教师带领学生诵读。

2. 第二阶段: 初步尝试聚焦式冥想诵读

教学目标:

深化三调体验。

培养诵读经典的平静心与诚敬心。

初步掌握并体验聚焦式冥想诵读的方法。

教学过程:

第三课时: 教师引导学生进行"三调"。"三调"后,引导学生采用内观聚焦冥想,把注意力集中到身体内部,观想胸腔正中央的虚空处有一轮太阳,再引导学生在冥想的太阳中观想所诵读的《老子》中的文字。

第四课时: 教师引导学生进行"三调"。三调后,引导学生展开冥想诵读,将观想的太阳换成观想《老子》第一章的书页,每读一个字或一句话,书上的字都会从纸面上浮现并慢慢放大。

3. 第三阶段: 外向情境式冥想与内观聚焦式冥想诵读相结合

教学目标:

展开外向情境式冥想。

进一步巩固和深化聚焦式冥想诵读。

用绘画和语言方式表达冥想与诵读体验。

教学过程:

第五课时: 教师引导学生在冥想中想象自己走进一片山林,山林中风光秀美。教师在学生身心放松后引导其进入内观聚焦式冥想诵读，观想《老子》中的文字出现。诵读结束后进行无主题绘画，鼓励学生用绘画表现冥想体验。

第六课时：教师引导学生在冥想中想象自己如鸟儿般飞过树林、高山、河流。教师在学生身心放松后引导其进入内观聚焦式冥想诵读，观想《老子》中的文字出现。诵读结束后进入分享讨论环节，在和谐平等的交流氛围中，教师鼓励学生表达自己的冥想诵读体验，师生共同探索。

通过教学发现，这种诵读方法在一定程度上缓解了学生的课堂压力，减少了学生的学习焦虑感，并提高了学生的注意力和学习效率。在冥想式诵读教学中，需要注意以下三方面问题：要注意教学细节，循序渐进地展开教学；要保持教学氛围的开放性，充分理解学生的各种可能反应，不做整齐划一的指令性教学；要保护学生体验的个体性。

案例二：《坐井观天》

沈阳市和平区和平大街第一小学　　朱辉

坐井观天.mp4

教学对象

沈阳市和平区和平大街第一小学二年级学生。

课程类型

语文新授课。

教学目标

(1) 了解关于《庄子》的文化常识。

(2) 正确、流利地朗读课文，读出青蛙与小鸟的不同语气。

(3) 掌握坐井观天的寓意。

教学重点

掌握坐井观天的寓意。

教学难点

在青蛙与小鸟的三次对话中掌握坐井观天的寓意。

教学准备

PPT课件。

教学课时

第二课时。

教学过程

一、复习导入第一次对话

师：同学们，上一节课我们学习了课文《坐井观天》中的生字词。现在请大家回忆一下课文内容，课文中一共写了青蛙和小鸟的几次对话？

生：课文一共写了青蛙和小鸟的三次对话。

师：读一读第一次对话内容，你知道了什么？是怎么知道的？

生：我知道了故事的主角是青蛙和小鸟。

生：我知道了青蛙坐在井里，小鸟落下的位置是井沿，也就是井边。

生：我知道了小鸟找水喝的原因是"飞了一百多里"。小鸟飞得很远，它又累又渴，也说明天很大。

师：这两句对话，我们应该读出青蛙询问的语气，小鸟又累又渴的感受，你能读出来吗？

(学生各自练习朗读青蛙和小鸟的第一次对话，教师根据学生的朗读情况进行指导。)

二、想象分析第二次对话

师：青蛙赞同小鸟的话吗？读一读青蛙和小鸟的第二次对话，从这次对话中，你读懂了什么？

生：青蛙不赞同小鸟的话，它认为小鸟在吹牛。天不过井口那么大，不用飞那么远！

生：小鸟认为天很大，无边无际。无边无际是说天大得没有边际。

师：小鸟认为天很大的理由是什么呢？

生：小鸟飞了一百多里，所以它认为天很大。

师：小鸟和青蛙，谁的观点对呢？

生：我认为小鸟的观点对，我在城市里、田野里、村庄里、大海上、高山上……都看到过小鸟的身影。小鸟飞过那么多地方，当然见过无边无际的天空了。

生：我也认为小鸟的观点对。青蛙天天坐在井里，只能看到井口那么大的天，所以它不知道天究竟有多大。

师：好，现在大家以小组为单位，分角色朗读一下青蛙和小鸟的第二次对话，看看谁能读出青蛙和小鸟互不赞同的语气。

(学生分角色练习青蛙和小鸟的第二次对话，教师根据学生的朗读情况进行指导。)

三、朗读竞赛第三次对话

师：青蛙和小鸟笑着进行了第三次对话，它们各自在笑什么呢？请大家读一读，说一说。

生：青蛙笑是因为它认为自己一抬头就能看到天，是不会错的。它觉得小鸟的看法很可笑。

生：小鸟笑是因为青蛙明明是错的，却还自以为是。

师：好，大家体会得都不错。青蛙和小鸟都在嘲笑对方，都认为自己是对的。咱们再找几组同学分角色朗读一下青蛙和小鸟的第三次对话，注意要读出它们"笑"的语气。其他同学为朗读的小组评一评分，比较哪一组读得最好。

（教师在学生自愿的情况下，找几组同学分角色朗读青蛙与小鸟的第三次对话，并通过竞赛的形式对学生的朗读情况进行指导。）

四、交流探讨，理解寓意

师：课文学到这里，同学们，你们说一下青蛙和小鸟到底谁错了？

生：青蛙错了。

师：你们都认为青蛙错了，那你们知道青蛙错在哪里了吗？

生：青蛙错在天天坐在井里，不出来看看外面的世界。

生：青蛙错在只相信自己的眼睛，以为天只有井口那么大。

生：青蛙错在不听别人的劝告，却还自以为是。

师：同学们说得都很好。学习了这篇课文，你们受到了什么启发呢？

生：我明白了不能只相信自己的眼睛，要多看多听多想。

生：我明白了要多听身边朋友的劝告，向他人学习。

生：我要像小鸟一样，多去实践，行万里路，认识更广阔的天空。

生：我们要积极参加各种活动，争取做一个见多识广的人。

五、拓展延伸，了解《庄子》

师：同学们说得真棒！《坐井观天》这则寓言故事，改写于《庄子·秋水》。庄子，姓庄，名周，是战国中期著名的思想家、文学家，是继老子之后，战国时期道家学派的代表人物。庄子的想象力极其丰富，语言运用自如，能把一些微妙难言的哲理说得引人入胜。他的好多寓言至今仍然流传，比如《东施效颦》《朝三暮四》等。课后，推荐同学们找到《庄子》中的《东施效颦》《朝三暮四》这两则寓言，可以求助于老师、家长或网络，读懂这两则寓言，并和伙伴交流阅读的心得体会，谈谈自己的收获。

■ 二、教学分析

在上述两则教学案例中，案例一属于《老子》诵读教学实验，案例二属于根据《庄子》改写的课文的教学实录。由于两则案例的教学主旨与侧重点各有不同，故将其分开来进行研究分析。

（1）先看有关于《老子》冥想式诵读的教学案例，该案例属于《老子》诵读的行动研究。该项研究受冥想教育学理论的启发，将道家的内观冥想式诵读法应用于小学的《老子》诵读教学，力求实现古老的道家式诵读在当代的创造性转化与创新性发展，具有设想的大胆性与研究的创新性。其研究实施过程分为前期准备阶段、课程实施和调整阶段、整体评价反思阶段，具有螺旋式上升的特点。从教学实施过程来看，该案例具有如下两个特点。

一是实施步骤的循序渐进。该案例将《老子》冥想式诵读教学分为三个阶段 6 课时进行，其中每个阶段为 2 课时。这三个阶段在教学安排上具有明显的层进性特征，具体过程为初步体验冥想式诵读、具体尝试内观聚焦式冥想诵读、外向情境式冥想与内观聚焦式冥想诵读相结合，即初识冥想、体验聚焦、深化冥想三个阶段。可见，该项研究以《老子》内观聚焦式冥想诵读教学为重点，三个阶段围绕教学重点层层深入。在第一个阶段，教师只是引导学生初步体验冥想式诵读的氛围与活动。在第二个阶段，教师引导学生走进内观聚焦式冥想诵读，先冥想胸中有一轮太阳，再将诵读的《老子》中的文字引入冥想。在第三个阶段，教师将学生熟悉的自然情境引入冥想诵读，并通过无主题绘画、诵读体验分享等活动，使内观聚焦式冥想诵读与学生的生活、学习经验相结合，以实现对小学生的诵读训练与审美培养。

这种教学实施的层进性还体现在对道家"三调"的采用上。据该项研究指出：道家的诵读活动在诵读前要有调节身心的活动，即调形、调心、调息，最终目的是达到身心放松、安静自然的状态。如第一课时，教师初步带领学生进行简单的三调，即请学生们身体坐正放松，把手放在腿上，慢慢地闭上眼睛，使自己心无杂念、意识集中。第二课时三调则逐渐规范，体现在引导词更加明确、引导内容更加具体，如对于调身部分，要求身体坐正，背部要离开椅背；双脚要平放在地上，与肩部同宽；手要平放在双膝之上，慢慢地放松身体、颈部、肩部、手部。这种循序渐进的教学引导使学生对陌生的道家三调活动逐渐熟悉，从而有利于冥想式诵读教学的进一步展开。

二是教学设计的儿童本位。这一特点主要体现在第一个和第三个教学阶段。在第一个教学阶段，为了引导学生感受《老子》，教师在第一课时先播放古风动画视频，并用简单的小问题调动学生的学习兴趣。在第三个阶段，教师引导学生展开外向情境式冥想，或想象自己走进一片风光秀美宁静的山林，或想象自己如鸟儿一样飞过树林、高山、河流。在诵读分享环节，教师营造和谐平等的交流氛围，鼓励学生通过绘画、讨论等活动表达自我的冥想诵读体验。以上教学设计从儿童的视角出发，不仅易于激发学生对《老子》诵读的兴趣，也易于学生表达独特的诵读个性体验。

教育行动研究来自具体的实施情境，研究结论具有主观性、个别性的特点，与量化研究相比较，也不具有普遍的解释能力和大面积推广的能力。[①]《老子》冥想式诵读教学引导

---

① 田立君. 小学国学校本课程设计与开发的行动研究[M]. 长春：东北师范大学出版社，2015：32.

学生观想胸中的太阳、《老子》中的文字，其科学性、合理性与普适性均有待于教育界进一步研究。但是，这一研究将道家冥想理念与当代小学传统文化经典诵读相结合，为小学传统文化教育做出了大胆的尝试，这种探究行为本身是值得肯定的。

（2）再看《坐井观天》第二课时的课堂教学实录。该课文在小学语文统编本教材中被安排在2年级上册的第12课。通过第一课时的生字词学习与粗通课文大意，第二课时的教学重点明显设置在对《坐井观天》这则寓言的寓意体悟上。通过课堂师生对话可以看到，这则教学实录具有如下特点。

一是教学环节层次分明、环环相扣。该案例以课文内容为主线，通过引导学生对青蛙与小鸟的三次对话展开分析，水到渠成地引出学生对寓意的个性化体悟。在教学过程中，教师主要提出了四个问题。

在青蛙与小鸟的第一次对话中，你知道了什么？是怎么知道的？

读一读第二次对话，你读懂了什么？谁的观点对呢？

第三次对话，青蛙与小鸟各自在笑什么？

青蛙和小鸟到底谁错了？错在哪里？

这四个问题使整个教学脉络条理清晰、一目了然。第一个、第二个问题重在引导学生从整体上读懂每一次对话，同时第二个问题的是非判断为最后寓意的引出埋下了伏笔。第三个问题从"笑"字上做文章，引导学生通过把握关键词体悟课文重点内容。最后以对全文的是非判断引出学生对寓意的把握。以上四个问题是整个教学流程中的四个关键点，彼此之间环环相扣，并最终引向对教学重点的解决。

这种教学环节环环相扣的特点还体现在对学生朗读活动的指导上。教师共布置了三次朗读，通过朗读可以进一步检验学生对课文内涵的理解。教师对这三次朗读活动的实施情况如下所示。

各自练习朗读青蛙和小鸟的第一次对话，教师根据学生的朗读情况进行指导。

学生分角色练习青蛙和小鸟的第二次对话，教师根据学生的朗读情况进行指导。

教师在学生自愿的情况下，找几组同学分角色朗读青蛙与小鸟的第三次对话，并通过竞赛的形式对学生的朗读情况进行指导。

以上三次朗读活动也是分别根据课文中青蛙与小鸟的三次对话展开的。在学生朗读形式的安排上，由学生各自朗读到分角色朗读，再到分角色朗读竞赛，学生的协作参与性逐步增强。在教师的朗读指导安排上，指导范围由个人到小组，再到全班学生，朗读示范的对象逐步扩大。无论是学生的朗读活动还是教师的朗读指导，在教学实施过程中均体现出逐层深入、环环相扣的特点。

二是突出与课文有关的传统文化元素。正如上文所述，小学语文统编本开始在《坐井观天》课文下标注出处，明确指出该课文改写于《庄子·秋水》。以往对《坐井观天》的教学很少关注到课文出处问题，也就很难将课文内容与《庄子》相联系。在本教学案例中，这方面的教学内容就显得突出。教师在教学拓展环节将课文与《庄子》联系起来，简要地介绍了有关庄子的文化常识，并布置学生求助于老师、家长或网络，对《庄子》中著名的两则寓言东施效颦、朝三暮四进行探究性学习和阅读心得分享。对于二年级的学生来说，这一教学拓展不仅使学生对庄子这位传统文化名人产生了初步的印象，而且通过对著名寓言的学习，对《庄子》这部传统文化经典也有了初步的感知。在探究性学习中，学生可以向老师、家长或网络求助，本身也符合小学二年级学生的年龄特点与认知水平。

三、教学建议

道家文化是中国传统文化的重要组成部分，在小学传统文化教育中适度地采用《老子》《庄子》中的内容是可取的。在教学中应注意以下问题。

(1) 辨析《老子》《庄子》思想的复杂性。《老子》《庄子》是道家的代表性经典，道家的哲学理念具有强烈的超现实性。《汉书·艺文志》曾评价："道家者流，盖出于史官，历记成败、存亡、祸福、古今之道，然后知秉要执本，清虚以自守，卑弱以持""及放者为之则欲绝去礼学，兼弃仁义，曰独任清虚可以为治"。[①]这段话明确揭示了道家的特点：尚清虚、卑弱，重自守、自持，甚至能够达到放弃礼学、仁义的程度，只重清虚的精神状态。结合前文所述《老子》的道论与无为观、《庄子》的齐物论与逍遥游，道家这种崇尚清虚自守的生存理念更容易理解。道家的最高哲学理念——道是纯任自然而无为的，人若想达到万物平等、心无所待的绝对自由，就要在心境上与道相合，清虚的心境显然更容易接近道。将这种崇尚清虚的人生理念放到老子、庄子生活的时代就会发现，从不同的角度去诠释，这一理念的社会作用是不同的。一方面，崇尚清虚体现了对战争杀伐时代的抨击与反抗，具有明显的进步意义；另一方面，清虚的心境显然也不能积极推动社会的发展与进步，又具有一定的消极性。在小学传统文化教育中选取《老子》与《庄子》的内容，应着重注意其中思想的复杂性问题，并从契合当代教育理念、适合小学生认知水平的角度展开教学。

(2) 在充分认识到老庄思想复杂性的基础上，应结合《老子》《庄子》这两部经典的

① (汉)班固. 汉书[M]//(清)永瑢. 纪昀等. 影印文渊阁四库全书(第249册). 台北：台湾商务印书馆股份有限公司，1987：812.

个性化特征，对其加以合理采用。

① 《老子》更适合采用诵读教学形式。

《老子》在文体上属于散文，在先秦诸子散文的发展历史中，同《论语》一样是不成熟的语录体形式，与之后的《荀子》《韩非子》等成熟的论说文不可同日而语。同时，作为语录体散文，《老子》与《论语》也不尽相同，现各以其通行版本的第一章为例加以比较。

《论语》

子曰："学而时习之，不亦说乎？有朋自远方来，不亦乐乎？人不知而不愠，不亦君子乎？"

《老子》

> 道可道，非常道；
>
> 名可名，非常名。
>
> 无，名天地之始；
>
> 有，名万物之母。
>
> 故常无，欲以观其妙；
>
> 常有，欲以观其徼。
>
> 此两者，同出而异名，同谓之玄。
>
> 玄之又玄，众妙之门。

以上两段内容体现了这两部经典在语言上的主要区别，《论语》的语言表达体现了典型的散文特色，而《老子》的语言则具有韵文的特征。从整体来看，现在通行的《老子》版本以韵文为主，韵散兼行，语言富有诗意化特征，尤其是其韵文部分与古诗词具有相通性。因此，在小学传统文化教育中，《老子》以其诗意化的语言、朗朗上口的韵律，更适宜采用诵读教学形式。

在诵读教学中，前文提到的冥想式诵读属于诵读教学实验，并未得到普遍应用，学校在日常教学中采用的范读、领读、分组读、接龙读、竞赛读等方式仍具有普遍适用性，是展开《老子》诵读的有效手段。同时，教师还可依据多元智能理论，结合学生的智能优势展开诵读训练，如对爱好体育的学生可以将《老子》诵读与体育运动相结合，对擅长书法的学生则可以将诵读与书法训练相融合等。导入案例中提到的沈阳市文化路第二小学将《老子》诵读日常化、大型化，也是一个比较成功的教育案例。尤其在大型的千人诵读中，学生受环境的影响，会更重视对《老子》的诵读，从而取得更好的效果。

② 应注意对《庄子》寓言、成语的灵活运用。

在《庄子·寓言》中有对该书"寓言十九"的表述，可见寓言是《庄子》最主要的表现方式。《庄子》意在通过富于想象与虚构的寓言来形象地阐释深奥、神秘的哲理，描述道通为一、无待而逍遥等常人难以体验的精神境界，这恰恰使其寓言呈现出了鲜明的文学色彩。《庄子》中比较著名的寓言有：庄周梦蝶、朝三暮四、东施效颦、混沌凿七窍、庖丁解牛、蜗角蛮触、任公子钓鱼、越俎代庖、伯乐治马、坐井观天、邯郸学步、泥涂曳尾、濠梁观鱼、鲁侯养鸟、佝偻承蜩、螳螂捕蝉异鹊在后等，可以说是一个丰富的寓言教学资源库。与寓言相比，《庄子》中的成语更是不胜枚举，仅以《逍遥游》为例，如今仍然较有生命力的成语有鲲鹏展翅、鹏程万里、扶摇直上、凌云之志、一飞冲天、吸风饮露、大而无当、不近人情、大相径庭等。《庄子》三十三篇，几乎每一篇都有至今仍有生命力的成语，为教师拓展成语教学提供了大量的素材。从《庄子》的寓言、成语中汲取适合于小学生学习的内容，将其改写成通俗浅显的白话故事，无疑会有利于吸引小学生的注意力，加深其学习传统文化的兴趣。在这一方面，前文提到的小学语文教材中的课文《坐井观天》《邯郸学步》就是很好的教学范例。

本章小结

道家思想是中国传统文化的重要组成部分，《老子》与《庄子》是道家著名的代表性经典。虽然历史上的老子、庄子均被神化了，但并不能抹杀其著作的经典性。总体来看，"老庄"思想以"道"作为最高的哲学理念与核心范畴，无为、齐物、逍遥等观念都是在其基础上产生的。

这两部著作在当代小学传统文化教育中也被一定程度地采用，并主要体现在语文课程教学、学校文化建设方面。在原典研读中，应注意《老子》中简短易晓、富于教育意义的名言警句，以及《庄子》中大量丰富的寓言、成语资源。在具体教学中，要注意《老子》与《庄子》思想的复杂性，并根据两部经典的不同文体特征展开教学，《老子》更适合于诵读，《庄子》中丰富的寓言与成语可以灵活采用。

思考题

1. 以《老子》的无为论为例，谈谈你是如何理解《老子》《庄子》思想的复杂性问题的。

2. 在小学传统文化教育中采用《老子》《庄子》中的内容，你认为最重要的教育原则是什么？

3. 请设计一份小学的班级《老子》诵读活动方案，并与同学们交流心得体会。

4. 请任选一则《庄子》寓言，将其改写成生动的白话故事，完成后向小学生讲述，并注意收集小学生对该则故事的反馈。事后与同学们交流改写与讲述故事的心得体会。

第四章 蒙学读物

《弟子规》读后感[①]

二年级四班学生

老师要求我们每天晨读《弟子规》，我现在不但能熟练朗读出来，还能背诵出许多经典的片段。《弟子规》既教会了我们为人处世的道理，又对我们培养良好的学习及生活习惯、意志品质、道德情操等有很大的帮助。

《弟子规》的总叙中提到："弟子规，圣人训，首孝悌，次谨信，泛爱众，而亲仁，有余力，则学文。"这些经典的诗文，告诉我们如何去做人，如何去学习，如何讲究文明礼貌。《弟子规》虽全篇文字不多，仅1080字，却蕴含着丰富的内容，教给我们做人做事的大道理。

《弟子规》教会我们读书的方法。"读书法，有三到，心眼口，信皆要，方读此，勿

---

① 张瑾，等. 学生课外阅读系列·儿语[M]. 沈阳市实验学校小学部校本内部刊物，2016：40.

慕彼，此未终，彼勿起。"读书要有方法，讲究三到：口到、眼到、心到，这三到都要实实在在地做到。平时，我在写作业时经常注意力分散，一会儿玩笔，一会儿喝水，一会儿看课外读物。在爸爸眼里我是"HORSE&TIGER"，这些都反映在作业和平时的小测试中，比如造句不写句号，丢题、落题，数学应用题不答题，这些都是因为我不重视学习中的细节，总觉得差不多就行造成的。通过学习《弟子规》中的读书学习方法，我深深地认识到自己的不足和一些不良习惯，我会按书中的方法来改正我的不足。

《弟子规》还教我们做一个孝顺的孩子，"亲爱我，孝何难，亲憎我，孝方贤"。在此，告诉我们在家中要听从父母，爱亲人，父母给了我们生命，付出了他们最无私的爱。在此，给我的启迪是：我们这代人要怀揣一颗感恩的心，要时刻感谢父母的爱、感激老师的关怀、感谢身边每一个对你有帮助的人，就像爸爸经常说的：我们要有大爱。

《弟子规》中还有许多深奥的道理等着我去学习理解，现在我越来越喜欢《弟子规》这本书了。《弟子规》给我带来的收获是巨大的，给父母和老师带来的快乐是无限的。

《三字经》中的道理①
——《三字经》读后感

三年级十一班学生

这学期，学校开展了读书的活动，老师向我们推荐了《三字经》这本书。刚开始读的时候，我觉得书中没有什么故事情节，心想：那有什么意思呢？但是为了完成任务我还是硬着头皮读了下去。可是不知道为什么，越读我就觉得越喜欢这本书，因为书中有很多课本上没有的知识，还告诉我很多做人做事的道理，真的让我受益匪浅！

当我读了《三字经》最后一部分——"莹八岁，能咏诗"到"戒之哉，宜勉力"这一处的时候，让我不仅了解了很多古代名人的故事，还领悟了许多人生哲理。祖莹的勤思善学，刻苦用功；李泌的聪明好学，还有蔡文姬、谢道韫、刘晏，他们都那么聪明又那么爱学习，给我留下了深刻的印象。比一比自己，我觉得有点惭愧，我没有那么聪明却喜欢偷懒，看来我也应该以他们为榜样，时刻告诉自己，提醒自己要努力学习，将来也要做一个有作为的人。《三字经》中还有几句话我非常喜欢，"幼儿学，壮而行""勤有功，戏无益"。平时我很贪玩，上课有时候会溜号，搞小动作，回家之后的作业也是边写边玩。读懂了这些话之后对我影响很大，从中我明白了一个道理：从小就要努力学习，不能耽误学习的黄金时段，勤奋学习会拥有美好的未来，使自己受益一生。俗话说："少壮不努力，老大徒伤悲。"少年时，我们不懂得珍惜时间，努力学习，那么到老了那一天才知道后悔

---

① 张瑾，等. 学生课外阅读系列·儿语[J]. 沈阳市实验学校小学部校本内部刊物，2016：19.

又有什么用呢？只有勤奋刻苦，努力地学习，才能有所作为，长大以后我们才能为国家、为人民做贡献，才能使爸爸、妈妈、爷爷、奶奶为我们的成功感到骄傲和自豪。

我相信：良好的开端是成功的一半。伴随《三字经》，我一定会把握好今天的好时光，不贪图玩乐，认真学习，努力创造美好的明天！

案例分析

这是从辽宁省沈阳市实验学校(小学部)语文研究会编辑的校本刊物《儿语》中选录的两篇读后感。《儿语》是一部学生作品集，侧重于呈现该校的思维导图教学训练成果。据该书《前言》介绍，从 2016 年 3 月至 5 月，全校 2900 余名学生在课外阅读活动的基础上，绘制了万余份思维导图。学生根据自己的阅读感受从情节、主题、人物、观点、背景、情绪、写法等不同的角度，用思维导图的方式梳理作品脉络，在很短的时间内，学习、综合、记忆、应用书中有价值的新内容，阅读量大大增加。通过教学实践证明，思维导图实现了将厚书读薄、薄中读懂、懂中读深的阅读效果，有效地激发了学生的阅读兴趣，为培养小学生良好的阅读习惯、提升阅读能力提供了助力。

《儿语》一书共收录了 110 份学生精心绘制的思维导图和与之相配的读后感。学生的阅读作品涉及《弟子规》《三字经》《三国演义》《三十六计》《西游记》等传统文化经典，本书选录的两篇作品在体现小学传统文化教育成效方面较有代表性。这种代表性主要体现在两个方面：一是思维导图条理清晰，重点突出。《弟子规》读后感以《弟子规》一书为图案中心，设计了"孝顺""做人""读书法"三个阅读点(详见图 4.1)。《三字经》读后感以《三字经》及其作者为中心，设计了"才子""才女""哲理""我"四个结构层次(详见图 4.2)。虽然这些设计在逻辑安排上并不十分严谨，但画面充满了童真童趣，尤其重要的是体现了学生的阅读兴趣点，反映了学生能够真正将作品读之于心、行之于笔，这是难能可贵的，体现了沈阳市实验学校(小学部)思维导图教学训练的成果。二是读后感密切联系实际，在一定程度上体现了蒙学经典的现代教育价值。在两篇读后感中，学生首先注意的是与学习有关的内容，如对《弟子规》中介绍的读书方法的关注，对《三字经》中学习榜样的敬佩，并均能联系自己的学习情况加以自省。同时，《弟子规》读后感中还提到对孝顺的理解及由此引发的对父母的感恩之情。可见，古代蒙学经典在小学传统文化教育中只要应用得当，对学生学习能力的提高、精神境界的提升是有一定帮助的。

除上述案例外，当前的小学传统文化教育对蒙学读物的采用，还体现在校园环境建设、教材编选与课堂教学三个方面，尤其在教材编选方面最为突出。

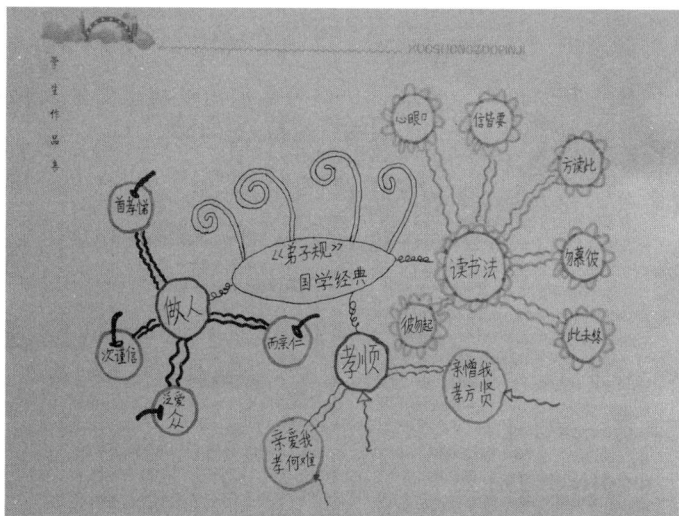

图 4.1　小学生所绘《弟子规》思维导图

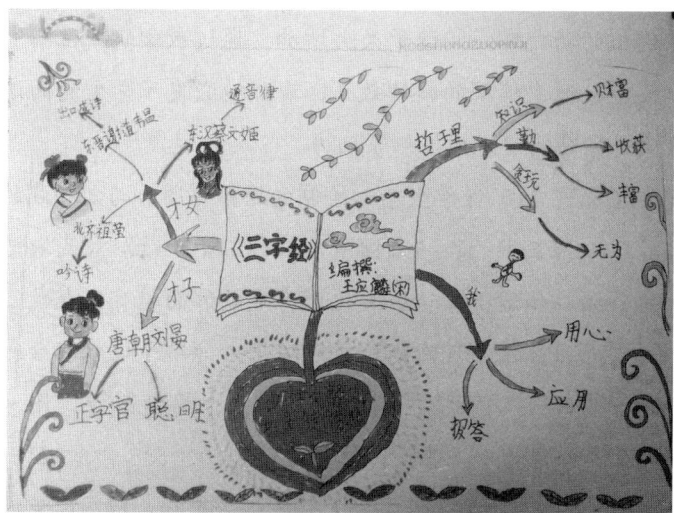

图 4.2　小学生所绘《三字经》思维导图

在校园环境建设方面，蒙学读物中的语句经常被作为宣传语放置到校园亭廊、教学楼走廊、教室四壁和操场的墙围内侧等处。其内容多用《三字经》《弟子规》等至今广泛流传的经典，如《弟子规》中的"步从容，立端正，揖深圆，拜恭敬"，《三字经》中的"子不学，非所宜，幼不学，老何为"等，内容主要为学规学则或励志劝学。

蒙学读物在小学教材中应用较为广泛。在校本教材方面，很多学校采用《三字经》《弟子规》《千字文》等，如湖北大冶师范附属小学在 2005 年组织教师编写了经典诗文诵读校本教材，包括《三字经·弟子规》《古诗词·千字文》等，并将每周一的第五节课定为"国学课"，并排入课表，指导学生分年级、分内容、分步骤地诵读。2010 年 5 月，大冶"国学教育年"启动仪式在该校隆重召开，并举行了经典诗文千人诵读活动。在悠扬的古琴伴奏下，近千名身着汉服的小学生手拿古书本模板，或跪或坐，或盘或站，齐声吟唱《三字经》《弟子规》等，令在场者无不为之震撼。[①]可见，该校将校本教材与校园文化建设密切配合，而蒙学经典成为联系两者之间的一座桥梁。

蒙学经典也被纳入小学语文教材，在识字、阅读、写作等方面均发挥了积极的作用。例如，苏教版小学语文教材将传统蒙学经验应用于识字、写字、阅读、写作等各部分，形成了一系列具体的操作策略。在识字教学中，借鉴蒙学识字教育中的集中识字、韵语识字、看图识字的特点，采用了特色鲜明的词串识字、分类清晰的"认一认"识字等策略。在阅读教学中直接选编蒙学经典内容，在三年级下册的练习六"读读背背"板块中选编《古今贤文》部分内容，四年级下册练习四"读读背背"板块选编《三字经》中的"为人子，方少时……悌于长，宜先知"等。[②]

目前逐步普及的小学语文统编本教材也选用或借鉴了蒙学经典，如第一册第 5 课的识字课文《对韵歌》、第二册第 6 课的识字课文《古对今》即借鉴了《声律启蒙》《笠翁对韵》等韵对类蒙学读物的形式；第二册第 2 课的识字课文《姓氏歌》、第四册第 1 课的识字课文《神州谣》中，可以看到《百家姓》《三字经》的影子；第二册第 8 课的识字课文《人之初》与第四册"语文园地五·日积月累"中，则节选了《三字经》与《弟子规》的片段。在借鉴蒙学经典时，小学统编本教材注意用其形而改其神。如《神州谣》课文为：

我神州，称中华，山川美，可入画。黄河奔，长江涌，长城长，珠峰耸。台湾岛，隔海峡，与大陆，是一家。各民族，情谊浓，齐奋发，共繁荣。

该文明显借鉴了蒙学读物三字成句的韵语形式，但在内容上则以黄河、长江、长城、珠峰、台湾等地理名词连缀全篇，主旨是对儿童进行"齐奋发，共繁荣"的爱国主义教育。又如《姓氏歌》，课文内容为：

你姓什么？我姓李。什么李？木子李。他姓什么？他姓张。什么张？弓长张。古月胡，口天吴，双人徐，言午许。中国姓氏有很多，赵、钱、孙、李，周、吴、郑、王，诸葛、东方、上官、欧阳……

文中明显有对《百家姓》原文的借鉴，但同时又将问答形式融入识字教学，全篇体现了通俗生动、寓教于乐的特点。

一些当代儿童读物也借鉴蒙学读物的语言形式向儿童传播知识，如《儿童中华铭》[③]是

① 钟冬青. 芝兰得气一庭秀 桃李成荫满园春[J]. 学校党建与思想教育，2012(1)：81.
② 万进. 传统蒙学教材经验在苏教版小学语文教材中的运用[J]. 语文教学通讯，2013(27)：42-44.
③ 秦野. 儿童中华铭[M]. 沈阳：春风文艺出版社，2010.

一部少儿文史百科读物，在内容上融合了历史、地理、政治、文学、书画、军事、科技等各方面知识，在语言形式上采用四字成句的韵语，如"宇宙茫茫 乾坤朗朗 五大文明 源远流长""孔孟之道 仁义礼信 老庄哲学 无为自然""水浒西游 三国演义 临川四梦 拍案惊奇"等，从中可以明显看到《千字文》《三字经》等传统韵语读物的影子，但又能在原作的基础上加以创新，在内容上明显向当今的小学教育靠拢。

同时，传统蒙学经典也已经走入小学课堂，不仅涌现了大量的教学实践，而且也产生了相当多的研究成果。学术界从传统蒙学经典的教学价值、教学现状、教学思维、教学设计、教学策略、实施途径、教学模式等各个方面展开研究，研究对象主要为《三字经》《百家姓》《千字文》《弟子规》《笠翁对韵》《声律启蒙》等，其中尤以对《弟子规》与《三字经》的教学研究较多。

如何将蒙学经典古为今用，教学过程中对学生的正确引导至关重要。因此，有必要在展开具体教学之前，掌握古代蒙学读物的发展简史及主要蒙学经典的特点，以便在教学中能够取其精华、去其糟粕。

第一节　蒙学读物概要

据《周易·序卦》云："物生必蒙。"又《蒙卦》云："蒙以养正，圣功也。"[①]可见，"蒙"有初生、幼稚之意。蒙学的本意是对儿童进行启蒙教育的学校，在封建社会又称之为私塾、社学、义学、书馆、冬学等。随着时代的发展，蒙学的内涵逐步发生了变化，有学者从教育学的角度出发，对蒙学一词加以概括，指出："蒙学是一个特定层次的教育，特指对儿童所进行的启蒙教育，包括教育目的、教学内容、教学方法等多方面的内容。"[②]简言之，"蒙学"一词有两重含义，一指古代的儿童教育学校，二指古代的儿童教育。古代的蒙学读物是蒙学发展历史的重要载体，不仅出现了至今仍有生命力的《三字经》《百家姓》《千字文》《声律启蒙》等众多经典，而且种类繁多、内容丰富。本节重点突出与当代小学传统文化教育密切相关的蒙学经典，曾作为蒙学教材的"四书"与古诗词读物在第二章与第五章有专章介绍，此处从略。

① (清)阮元校刻. 十三经注疏[M]. 北京：中华书局，1980：20，95.
② 徐梓. 中华蒙学读物通论[M]. 北京：中华书局，2014：1.

一、蒙学读物发展简史

古代蒙学大体上可以分为四个发展阶段，即先秦至两汉阶段、魏晋南北朝至隋唐五代阶段、宋元阶段和明清阶段。这四个阶段的蒙学呈递进式发展，教学内容日益丰富，教学体系逐渐定型，但在教学目的上都是服务于宗法制等级社会的统治，尤其服务于包括科举制在内的人才选拔制度。古代蒙学读物的发展历程与蒙学的发展基本上是一致的。

1. 先秦至两汉阶段

蒙学读物在先秦至两汉阶段主要体现为识字读物，也流传下来个别的学规学则读物。据班固《汉书·艺文志》记载，"古者八岁入小学，故周官保氏掌养国子，教之六书"[①]。班固又著录小学类共 10 家 45 篇，包括《史籀篇》《仓颉篇》《急就篇》《别字》等，基本上都是蒙学识字读物，可见，识字教育是当时蒙学的重要内容。其中《史籀篇》为西周周宣王(前 827—前 782)时太史所作，是我国现存文献中最早的字书。由于时代的久远，上述文献完整保存下来的只有《急就篇》。该书为汉元帝(前 48—前 33)时黄门令史游所作，以识字为主，还包括姓氏、器物、动物、植物、药物、官职等众多知识，类似于一部小百科全书。从教育的角度来看，《急就篇》体现了以综合性读物的形式进行的识字教育，这对后来的《三字经》《千字文》等经典的产生均有影响。这一时期的蒙学读物还有一个形式上的特点，即各书在字体上有较大的差异，出现了大篆、小篆、草书、隶书等不同字体，体现了蒙学读物在汉字演化历程中的重要作用。[②]

这一时期流传下来的另一蒙学读物为《弟子职》，《汉书·艺文志》记其为管仲所作，从内容来看当是学规学则。全书用韵语写成，今据张志公先生的书影节取其中的几句："先生施教，弟子是则""温柔孝弟，毋骄恃力""游居有常，必就有德""夙兴夜寐，衣带必饬""少者之事，夜寐早作。既拚盥漱，执事有恪"。[③]仅此几句就涉及对学生道德修养、日常作息、衣饰行为等各方面的要求，可见中国传统教育对学生管理之重视。

2. 魏晋南北朝至隋唐五代时期

魏晋南北朝至隋唐五代时期仍有大量的识字读物，同时还出现了道德训诫类与掌故类

① (汉)班固. 前汉书(卷 30)[M]//(清)永瑢. 纪昀等. 影印文渊阁四库全书(第 249 册). 台北：台湾商务印书馆股份有限公司，1987：807.

② 徐梓. 中华蒙学读物通论[M]. 北京：中华书局，2014：26-28.

③ 张志公. 传统语文教育教材论[M]. 上海：上海教育出版社，1992：246.

读物。据《隋书·经籍志》记载，这一时期有诸多蒙学文献，如《劝学》《少学》《始学》《发蒙记》《启蒙记》《杂字指》《字指》《俗语难字》《杂字要》等，作者中不乏官宦，甚至包括东汉著名学者蔡邕，可见蒙学较被重视。在中唐至北宋初年还一度盛行道德伦理类读物《太公家教》、掌故类读物《蒙求》，前者不仅在中国本部通用，而且被中国北部和东北部的辽、金、高丽等各民族采用，其传播直至11世纪以后才渐渐式微，后者也曾为通行的童蒙教材，后逐渐被《三字经》《百家姓》所取代。①这两部蒙学经典虽逐渐淹没于历史，但体现了中唐至北宋初期在蒙学教育内容上的新变。

在这一时段的诸多蒙学读物中，流传最久、影响最广的是南朝周兴嗣所作的《千字文》，并在当代的小学传统文化教育中也有一定的影响力。据《梁书·文学传》记载，周兴嗣为汉代太子太傅周堪的后代，十三岁时始游学京师，历经十载后达到"博通记传，善属文"的程度。他屡次因辞赋、碑记等创作得到梁武帝赏识，并受到嘉奖与提拔。周兴嗣曾因病而目盲，梁武帝抚其手而嗟叹，并亲自手书药方以赐之，对其爱重有加。②由这段记载可知，周兴嗣文笔极佳且深得梁武帝赏识。又据唐代李绰的《尚书故实》记载：梁武帝为教诸王书，令人从王羲之的书法中选拓了一千个不重复的字，各字之间杂乱无序。之后交给周兴嗣，曰："卿有才思，为我韵之。"周兴嗣一夕编成而鬓发皆白，这就是著名的《千字文》的故事。③此段传闻的真实性仍有待考证，却充分体现了周兴嗣的才华横溢及《千字文》在当时的重要蒙学价值。

《千字文》用四言韵语写成，内容上大体可以分为五个部分：第一部分主要讲述天地开辟后的自然景观；第二部分追述人类早期社会历史，直至商汤、周武之治；第三部分重在阐述伦理道德修养；第四部分描述都市繁华与统治者的文治武功；第五部分描述民间及田园生活，也涉及一些历史典故。全篇将一千个独立的汉字连缀成条理清晰、层次分明的韵文，内容涉及天文、地理、历史、伦理、风景、农耕等各方面，同《急就篇》一样体现了以综合性读物的形式进行识字教育。《千字文》产生之后，注释、书写、续作、改编者甚众，它不仅被用于蒙学教材，而且也广泛地应用于商人账册、考场试卷乃至图书卷册的编号，甚至流传至朝鲜、日本。④

① 王重民. 敦煌古籍叙录[M]. 北京：中华书局，1979：220，207.
② (唐)姚思廉. 梁书(卷49)[M]//(清)永瑢. 纪昀等. 影印文渊阁四库全书(第260册). 台北：台湾商务印书馆股份有限公司，1987：411-412.
③ 上海古籍出版社. 唐五代笔记小说大观[M]. 上海：上海古籍出版社，2000：1170.
④ 王践注译. 三字经·千字文[M]. 长沙：岳麓书社，2005：4.

3. 宋元时期

宋元时期的蒙学读物获得了长足的发展，不仅类型多样，而且内容丰富。宋元时期的蒙学在注重识字教育的同时，也重视对学生道德行为的训练和基本文化常识的传授。反映在蒙学读物方面，既有传统的识字读物，也有道德伦理类、历史教育类、名物制度和自然常识类读物，出现了教材类型多样化、内容专题化的倾向。同时，朱熹和他的门人，以及从事教学工作的许多人，重视蒙学的方法、步骤问题，他们的言论逐渐形成了一套蒙学的体制和教学方法。①宋元以下的蒙学，基本是按照上述规模加以发展的，在整体格局上并无更大的变动。在这一时期的蒙学经典中，对当代小学传统文化教育影响较大的是识字类读物《百家姓》与《三字经》。

1) 《百家姓》

对《百家姓》作者的研究历来有两种说法：南宋王明清在《玉照新志》中认为似乎是"两浙钱氏有国时小民所著"。②五代时有钱氏建立了吴越国，该国历史自唐昭宗景福二年(893年)至宋太宗太平兴国三年(978年)，则宋赵匡胤建国时吴越国仍存在，故该国小民在《百家姓》中奉"赵"姓为首，"钱"姓次之。另有明末朱国帧云："今《百家姓》以为出于宋，故首以'赵钱孙李'，尊国姓也。"③可见，明末时就有人认为《百家姓》产生于宋代了。无论产生于五代还是宋代，关于《百家姓》作者的详情皆已不可考证。

《百家姓》全篇是不同姓氏的堆积，虽有文而无义，但直至民国时期仍广为流传，是古代蒙学读物中较富有生命力的识字教材，究其原因有三点：一是全书以四字韵语的形式出现，音韵和谐且朗朗上口，比较适合于儿童诵读。二是中国古代的宗法制度重视家族的传承，姓氏是联系一个家族共同体的重要符号，自然为国人所重视。三是《百家姓》经增补，达到504个姓氏，其中单姓444个，复姓60个，虽不能包括中国实有的全部姓氏，但"书中所列，绝大部分是中国人常见的姓氏，包括了人口的绝大多数"，故易于为大众所接受。④正因为如此，《百家姓》在蒙学中广为流传，后世又多有改写、增编者，产生了《御制百家姓》《重编百家姓》《百家姓三编》《蒙古字母百家姓》《女真字母百家姓》等诸多作品。

2) 《三字经》

关于《三字经》的作者亦存在争议，目前主要有两种说法。一是康熙五年(1666年)王相

① 张志公. 张志公文集(4)[M]. 广州：广东教育出版社，1991：8.
② 上海古籍出版社. 宋元笔记小说大观[M]. 上海：上海古籍出版社，2001：3945.
③ 上海古籍出版社. 明代笔记小说大观[M]. 上海：上海古籍出版社，2005：3529.
④ 王践笺注. 百家姓[M]. 长沙：岳麓书社，2005：2.

在《三字经训诂》序言中云："宋儒王伯厚先生作《三字经》以课家塾"[1]，王伯厚即王应麟。这一说法影响最大，目前也为大多数人所接受。二是明末清初的屈大均记载："童蒙所诵《三字经》乃宋末区适子所撰"，其人入元后亦"抗节不仕"[2]。这一说法虽传播不广，但在当代也引起了一些学者的重视，有人认为可能是区适子为了使《三字经》流传而假托王应麟所作，也有人认为是书商王相的伪造，目的是扩大《三字经》的销量。[3]

《三字经》全文以三言韵语写成，语言较为通俗，适合儿童朗读、背诵。从内容上来看，与《急就篇》《千字文》一样综合了多方面的知识。全文共分为四部分。

第一部分阐述了教与学的重要性，尤其以孟母与窦燕山为例，强调父母在教育中的重要作用。

第二部分是《三字经》的主体，分层详细地阐述了儿童学习的具体内容，分别为：孝悌、五常、十义等伦理道德。自然与社会常识，如数字、四季、四方、五行、六谷、七情、八音、九族等。

学习经典的次第顺序。从训诂、句读的学习开始，次第介绍了朱熹的蒙学读物《小学》、"四书"、六经、五子(荀子、扬雄、王通、老子、庄子)。这一部分对"四书"与六经阐述较为细致，对《小学》与诸子之作只是简单带过。

历史朝代更迭。从伏羲、神农开始，列举各个主要朝代及重大历史事件。这一部分以简短的篇幅引导儿童初步认识历史发展的主脉，体现了古代蒙学历史教育的独到之处。随着时代的发展，这一部分也被逐步加以增补、完善。

第三部分介绍了一系列好学的历史人物，对儿童起到了劝学的作用。这些好学的历史人物分别为：春秋的孔子，战国的苏秦，汉代的路温舒、公孙弘、朱买臣、蔡文姬，晋代的孙敬、车胤、孙康、谢道韫，北齐的祖莹，隋朝的李密，唐朝的李泌、刘晏，宋代的赵普、苏洵、梁灏。这些人物或为圣贤，或为高官，或为女子，或为神童，或曾境遇困窘，或曾生活劳苦，但均勤于向学并学有所成。

第四部分总结全文，再次强调了学习的重要性，劝勉儿童勉力勤奋。

通观《三字经》全文，不仅涉及教育、伦理、历史、经学、自然等各方面的知识，而且包含了生动的劝学典故，确实称得上是内容丰富的综合性儿童启蒙读物。该书问世后与《千字文》《百家姓》同样广为流传，并被译为蒙、满等多种文字，后世注释、改编之作也甚众。

---

① (宋)王应麟. 三字经[M]. 长沙：岳麓书社，2002：原序.

② (清)屈大均. 广东新语(中)影印本[M]. 扬州：广陵书社，2003：4.

③ 徐梓. 中华蒙学读物通论[M]. 北京：中华书局，2014：77-78，231-233.

4．明清时期

明清时期的蒙学读物延续了宋元时期的规模，并出现了一些新的发展与尝试。这一时期的蒙学继续宋元时期的教育规模，在识字教育方面，有《三字经》《百家姓》《千字文》广为流传；在伦理道德教育方面，出现了《幼仪杂箴》《弟子规》《伦理学歌》等读物，尤以《弟子规》的影响较大；在知识教育方面，出现了对历史、经学、数学、医学等各方面知识的介绍，尤以《幼学琼林》《龙文鞭影》对后世的影响较大；在韵对教学方面，出现了对后世影响较大的《笠翁对韵》《声律启蒙》等读物；在教学方法方面，出现了明代吕坤的《社学要略》、清代崔学故的《幼训》、清代王筠的《教童子法》等著作，对当今的教学方法研究亦有影响。需要注意的是，清代中叶以后，在西方文化日益强烈的冲击下，传统蒙学渐趋衰落，古代蒙学读物也逐渐被新式学校的教材所取代，这是历史发展的必然趋势。

在明清时期的蒙学经典中，对当代小学传统文化教育影响较大的有《弟子规》《幼学琼林》《声律启蒙》与《笠翁对韵》，由于《笠翁对韵》与《声律启蒙》均属于韵对读物，在文本编排形式与句子结构方面也相同，故在下面阐述中将其略去，只对其他三书加以进一步介绍。

1)　《弟子规》

《弟子规》主要宣讲伦理道德，也具有学规学则的特点。作者为李毓秀，字子潜，山西绛州人。据清王奂曾《旭华堂文集》载，李毓秀生于顺治四年(1647 年)，卒于雍正七年(1729年)，是一位精研儒家学说的学者。又据《直隶绛州志·人物》载，他尤其精于研究《大学》《中庸》，晚年讲授易学时曾听者云集。李毓秀原著为《训蒙文》，经山西平阳人贾存仁(1724—1784)删订后改名为《弟子规》传世。该书的广为流传乃至风行很可能是在晚清民国时期，现存版本也多为晚清民国本。[①]

《弟子规》以"弟子入则孝，出则悌，谨而信，泛爱众而亲仁，行有余力，则以学文"为纲领，选入《论语》《孟子》《孝经》《礼记》等儒家经典内容，从入则孝、出则悌、谨而信、泛爱众、亲仁、余力学文的角度展开全文，尤以孝、悌部分内容较多。全书在形式上三言成句，合辙押韵，语言通俗易懂，比较适合儿童诵读。

2)　《幼学琼林》

《幼学琼林》原名《幼学须知》，一般认为是明代程登吉所作。据同治年间《新建县志》载：程登吉字允升，崇祯时人，嗜好读古奇书。康熙年间巡抚宋犖刊刻程登吉所撰写

---

① 仝建平. 贾存仁与《弟子规》成书[J]. 中国典籍与文化，2016(02)：91-98.

的《幼学须知》，当时该书流布超过万数，他由此名扬天下。也有一说《幼学琼林》为明代丘濬作。

《幼学琼林》在蒙学中曾风行一时，世有"读了《增广》会讲话，读了《幼学》走天下"之语[1]，可见该书在社会上的影响之深。全书包括天文、地理、文臣、武职、婚姻、贫富、鸟兽等33个内容板块，含有1000多个典故，多有旧时常用的俚语称谓、神话传说、历史故事、社交辞令等，既有类书的特点，又有典故词典的性质，相当于一个小型百科全书。在形式上，该书语言明白晓畅，虽不押韵但采用偶句形式，读来亦朗朗上口，易诵易记。

3) 《声律启蒙》

据《百川书志》载：《声律启蒙》三卷为"元博陵安平隐者素庵祝明文卿撰"[2]，即该书为元代博陵安平人祝明所作。祝明字文卿，号素庵，是一位隐者。今传的《声律启蒙》亦称为《声律启蒙撮要》，是清人车万育在祝明原作的基础上修订而成的。据道光年间的《上元县志》记载：车万育，字与三，号敏州，是康熙二年(1663年)的进士。

《声律启蒙》按照上平声和下平声分为上下两卷，每个韵部有三段对偶押韵的文字。每段由若干对偶句组成，但各句对偶字数不等，如：

一字对：云对雨。

二字对：晚照对晴空。

三字对：颜巷陋，阮途穷。

五字对：池中濯足水，门外打头风。

七子对：两岸晓烟杨柳绿，一园春雨杏花红。

十字对：两鬓风霜，途次早行之客；一蓑烟雨，溪边晚钓之翁。

十一字对：林下风生，黄发村童推牧笠；江头日出，皓眉溪叟晒渔蓑。

从以上例句可见，全书音韵谐美，对仗工整，语言清新，善用典故，具有较高的审美价值。张志公先生曾指出：用韵语知识读物作为从《三字经》《百家姓》《千字文》向"四书"的过渡，这种办法在明、清两代是比较有代表性的[3]。《声律启蒙》明显是这一教学过渡的上选之材。

以上是蒙学读物的发展简史，从中可以略窥我国古代儿童启蒙教育之概貌。总体来看，古代蒙学读物由最初的以识字读物为主，逐渐发展为包括识字、道德、知识、审美等各方

[1] (清)程登吉. 幼学琼林[M]. 长沙：岳麓书社，2002：8.

[2] (明)高儒等. 百川书志·古今书刻[M]. 上海：古典文学出版社，1957：267.

[3] 张志公. 张志公文集(4)[M]. 广州：广东教育出版社，1991：61.

面内容的文本群，规模日益庞大，体系日臻完善。但不可否认的是，古代蒙学读物也存在着脱离儿童生活实际、忽视科技教育、缺少劳动教育等弊端。

■ 二、蒙学读物的特点

蒙学读物是古代蒙学的重要载体，蕴含了丰富的传统文化精神。从最早的识字读物《史籀篇》算起，蒙学读物已有两千多年的历史了。在这漫长的历史长河中，一直经典辈出，部分经典在今天仍然具有生命力。归纳起来，蒙学读物具有如下三个特点。

1. 内容丰富，类型多样

蒙学读物的内容几乎可以用包罗万象来形容，从主要内容来看，大致可分为识字类、道德类、知识类，在每一类中又含有若干小类。

(1) 识字类中，主要又有综合识字、专题识字之分，如《千字文》包含天文、地理、自然、人文等各方面内容，属于综合性识字读物，而《百家姓》只是对姓氏的罗列，即属于专题性识字读物。另外还有杂字类、习字类、正字类等其他识字读物。

(2) 道德类是蒙学读物的又一大类型，既有偏向于儿童学规学则的《弟子职》、《童蒙须知》(南宋朱熹撰)、《家塾常仪》(南宋真德秀撰)、《弟子规》，偏向于道德说教的《太公家教》(时代与作者待定)、《增广贤文》(时代不详，无名氏撰)、《名贤集》(明代无名氏撰)，也有侧重于树立道德楷模的《二十四孝》(元代，作者待定)、《日记故事》(元代虞韶撰)，还有专门对女子做道德训诫的《女儿经》(时代不详，无名氏撰)、《闺训千字文》(时代不详，无名氏撰)等。

(3) 知识类是蒙学读物中最庞杂的一类，涉及各种儿童知识读物。如综合性知识读物《书言故事》(宋末胡继宗撰)、《幼学琼林》；典故知识读物《龙文鞭影》(明代萧良友撰)，经学知识读物《性理字训》(南宋程若庸撰)；历史知识读物《蒙求》(唐代李翰撰)、《史学提要》(元代黄继善撰)、《五言鉴》(明代李廷机撰)；属对知识读物《对类》(时代不详，无名氏撰)、《声律启蒙》、《笠翁对韵》(明末清初李渔撰)；名物知识读物《州名急就章》(北宋欧阳修撰)、《名物蒙求》(南宋方逢辰撰)；科技知识读物《步天歌》(时代与作者待定)、《算学启蒙》(元代朱世杰)；医学知识读物《历代名医蒙求》(南宋周守忠撰)等。

以上分类并不能囊括蒙学读物的全部种类，只是根据读物的主要内容或主要功用做的大体类型划分。以《三字经》而论，历来将其视为蒙学的识字教材，故将其归入识字类，但实际上《三字经》中的劝学内容就可以归入道德类，经典学习次第与历史知识介绍又可归入知识类。

从编撰形式来看，蒙学读物大体上可以分为韵语、散文、诗歌、图画四种类型。从不同内容入手则又有更细致的划分，如道德类就可以分为诗歌、散文、小儿语和格言四种类型，知识类中的历史知识读物类又可以分为咏史诗体、千字文体、蒙求体和歌诗体四种类型。[①]其中小儿语体是指用极其浅显的白话组织全篇，形式整齐而语言流畅，以明代吕得胜、吕坤父子所作的《小儿语》《续小儿语》为代表。如：沉静立身，从容说话，不要轻薄，惹人笑骂。千字文体以《千字文》为代表，以一千个不重复的字介绍历史知识。蒙求体以唐代李翰的《蒙求》为代表，用形式整齐的韵语写成，前后句对偶，如：王戎简要，裴楷清通。孔明卧龙，吕望非熊。

读物内容丰富，形式多样，这是蒙学在古代社会得以发展延续的根基之所在。

2. 作者众多，名家迭出

蒙学读物的作者队伍比较庞大，其中既有文献可征的史官、重臣、地方官吏、儒学大家，也有湮没无闻甚至时代亦不可考的无名氏。仅以《隋书·经籍志》为例，蒙学读物下的作者署名就有多种情况，今试举几例：

《急就章》一卷，汉黄门令史游撰。

《小学篇》一卷，晋下邳内史王义撰。

《始学》一卷，《劝学》一卷，蔡邕撰。

《启蒙记》三卷，晋散骑常侍顾恺之撰。

《千字文》一卷，梁给事郎周兴嗣撰。

《杂字指》一卷，后汉太子中庶子郭显卿撰。

在以上所列的几位作者中，蔡邕为东汉著名学者，顾恺之为晋代著名学者、艺术家，周兴嗣为梁朝著名文臣，史游为西汉宦官，王义为晋代地方官，郭显卿为汉皇室后裔，他们的社会身份各个不同，却皆参与到蒙学读物的编撰中来。

宋元以降，更有大量著名学者编撰蒙学读物，如宋代欧阳修作《州名急就章》，胡寅作《叙古千文》，吕本中作《童蒙训》，王应麟作《小学绀珠》《姓氏急就篇》，朱熹作《小学》《童蒙须知》，明代方孝孺作《幼仪杂箴》，萧良友作《龙文鞭影》，李廷机作《五言鉴》，明末清初李渔作《笠翁对韵》，清代王筠作《文字蒙求》，民国章太炎重订《三字经》等。

创作队伍庞大，屡有名家参与其中，体现了文人阶层对蒙学的重视，这也是蒙学能够

---

① 徐梓. 中华蒙学读物通论[M]. 北京：中华书局，2014：216.

不断发展完善的重要动力之一。

3. 经典读物易读易背，传承久远

蒙学读物种类繁多，内容丰富，编撰形式多样，曾引发了社会不同阶层文人的创作热情，多有名家参与其中，可真正传承久远的经典并不多，能够在当今小学教育中被采用的更是凤毛麟角，其主要原因在于：传世经典能够从儿童角度出发，文本或通俗易懂，或音韵谐美，或简明扼要，使儿童易读易背，易于接受与学习。

现以南宋吕本中的《童蒙训》、朱熹的《小学》、王应麟的《小学绀珠》三部童蒙读物为例加以分析。这三本书的作者皆是曾在朝为官的知名学者，其中吕本中不仅出身于世家大族，而且是宋代江西诗派的代表人物；朱熹是宋代理学的集大成者，对中国的科举制度产生了深远的影响；王应麟则是南宋后期著名的教育家、政治家，一生著述颇丰。但是，他们编撰的这三部作品皆流传不广，现节取其中的几个片段。

1) 吕本中《童蒙训》节选

学问当以《孝经》《论语》《中庸》《大学》《孟子》为本，熟味详究，然后通求之。《诗》《书》《易》《春秋》必有得也，既自做得主张，则诸子百家长处皆为吾用矣。

至孔子后邪说并起，故圣人与弟子讲学皆深切显明，《论语》《大学》《中庸》皆可考也。其后孟子又能发明推广之。[①]

2) 朱熹《小学》节选

《曲礼》曰："凡为人子之礼，冬温而夏清，昏定而晨省，出必告，反必面，所游必有常，所习必有业，恒言不称老。"

《内则》曰："父母虽没，将为善，思贻父母令名，必果。将为不善，思贻父母羞辱，必不果。"[②]

3) 王应麟《小学绀珠》节选

十义：父慈，子孝，兄良，弟弟，夫义，妇听，长惠，幼顺，君仁，臣忠。

君令，臣共，父慈，子孝，兄爱，弟敬，夫和，妻柔，姑慈，妇听。[③]

---

① (宋)吕本中. 童蒙训卷上[M]//(清)永瑢. 纪昀等. 影印文渊阁四库全书(第 698 册). 台北：台湾商务印书馆股份有限公司，1987：516.

② (宋)朱熹. 御定小学集注卷 2[M]//(清)永瑢. 纪昀等. 影印文渊阁四库全书(第 699 册). 台北：台湾商务印书馆股份有限公司，1987：532,535.

③ (宋)王应麟. 小学绀珠卷 3[M]//(清)永瑢. 纪昀等. 影印文渊阁四库全书(第 948 册). 台北：台湾商务印书馆股份有限公司，1987：432.

以上三例中，吕本中《童蒙训》的内容对儿童来说较深奥，朱熹的《小学》与王应麟的《小学绀珠》内容相对浅易，但句子较为零散。这三本书或以散文体写成，或以词汇堆砌而成，读起来缺少语言的韵律美，也不易于被儿童记诵。相比较而言，我国有影响的、能在启蒙的课堂里长盛不衰的蒙学读物，都是用韵语和对偶的形式编成的。极个别用散文写成的流传很广的读物，也都非常简短，总之是要以儿童所能接受为宜。[①]

第二节　蒙学经典研读

在掌握蒙学主要发展历程与蒙学读物特点的基础上，应针对与当今小学传统文化教育密切相关的蒙学经典加以研读。本节从目前仍在小学教育中较有生命力的识字、韵对、学规三类蒙学读物中，选取《三字经》《声律启蒙》《弟子规》中的片段内容进行研读。注释参考《传统蒙学丛书》[②]《蒙学辑要》[③]《配图蒙学十篇》[④]等，文中不再一一注明。

一、《三字经》节选研读

《三字经》属于综合性读物，在蒙学中主要被用于识字教育。本节选取《三字经》中的两方面内容作为研读对象，一是被选入小学语文统编本教材中的语句，二是幼年学有所成的典型人物事例。该书流传历史悠久，故版本众多，本书原典引用以《传统蒙学丛书》中的《三字经训诂》为准。

1. 人之初，性本善。性相近，习相远。苟不教，性乃迁。教之道，贵以专。

[注释]

性：本性。

习：习气，习染。

苟：如果。

迁：变化。

道：原则。

---

① 徐梓. 中华蒙学读物通论[M]. 北京：中华书局，2014：218.

② 喻岳衡. 传统蒙学丛书[M]. 长沙：岳麓书社，1987，2005.

③ 徐梓，王雪梅. 蒙学辑要[M]. 太原：山西教育出版社，1992.

④ 夏初，惠玲. 配图蒙学十篇[M]. 北京：北京师范大学出版社，1993.

[译文]

人刚出生时的本性都是善良的，本性虽然相近，但后天习性却相差较远。如果不加以教育，善良的本性就会出现变化。而教育的原则，在于培养专一的美德。

[研读]

《论语·阳货》中孔子云："性相近也，习相远也。"《三字经》以此开篇，指出人的先天本性与后天习气的不同，而教育是联系"性"与"习"的桥梁。从人性论的角度来看，此段明显采用的是《孟子》性善论的理念，同时也凸显了教育的重要性。

在小学语文统编本教材中，第二册识字课的第 8 课为《人之初》，课文第一段即采用这部分内容。在课后练习中，之、近、远、相、习五个字为识字、习字内容；全段要求朗读并背诵；"读一读，记一记"栏目中进一步设置了近义词教学，具体词汇为：

初始　初夏　　　　天性　性格　　　　专心　专门　　　　善良　友善

可见，统编本教材不仅延续了《三字经》的识字功用，并将其开篇的文旨之所在设置为诵读内容，体现了对《三字经》教育理念的重视。

2. 昔孟母，择邻处，子不学，断机杼。窦燕山，有义方，教五子，名俱扬。养不教，父之过。教不严，师之惰。

[注释]

处：住处。

机杼：织布机上的转轴与梭子，此处代指织布机上所织的布。

义方：合理的教育方法。

[译文]

当初孟子的母亲为了孟子的学业三迁住处，孟子不认真学习，她就割断了织布机上所织的布。五代时期的窦燕山有合理的教育方法，他教的五个儿子都名扬天下。对孩子养而不教育，这是做父亲的过错。对学生教育不严格，这是做老师的懒惰。

[研读]

这一段紧承上句"教之道，贵以专"，举孟母三迁、孟母断织和窦燕山教子这三个例子，来说明父母对孩子教育的重要性。又从"养不教，父之过"一句来看，《三字经》比较突显父亲在家庭教育中的重要地位，这与宗法制社会重视家庭中的父系血缘有密切关系。同时，由"教不严，师之惰"可见对教师敬业精神的强调。从这一段来看，《三字经》的教育对象不仅局限于儿童，还包括父母、教师，这是作为蒙学读物的难能可贵之处。

3. 子不学，非所宜。幼不学，老何为。玉不琢，不成器，人不学，不知义。

[注释]

宜：应当。

琢：雕琢。

器：器具。

义：《礼记·中庸》：义者，宜也。《周易正义·坤》：直其正也，方其义也。郑玄注云："义者宜也。"[①] 可见，"义"等同于"宜"，本意为应该，这里代指儒家之道。

[译文]

孩子如果不学习，这是不应当的。小时候不学习，老了能做什么呢？玉石不雕琢不能成为器物，人不学习也不能懂得道理。

[研读]

这一段紧承"教不严，师之惰"，进一步阐述学习的重要性及学习的目的。在小学语文统编本教材中，被选入第二册识字课文的第 8 课，是要求学生朗读并背诵的第二段文字。同时，"义"与"玉"也是要求学生识字、习字的内容。

这里的"义"在古代社会固然指向儒家道德规范，在当代小学教育中则可解释为学生应当懂得的做人的道理，并与当今的时代价值观相联系。在教学中可根据学生的理解程度加以形象地阐发。

4. 如囊萤，如映雪，家虽贫，学不辍。

[注释]

囊：袋子。此处用作动词，指用袋子装着。

囊萤：用袋子装着萤火虫。此指晋代车胤读书的典故。车胤因家贫无灯，夏天晚上用白色薄绢做的口袋装上萤火虫读书。

映雪：晋代人孙康家贫，在冬天的晚上借着雪地反射的光读书。

辍：停止。

[译文]

晋代的车胤用袋子装着萤火虫读书，晋代的孙康借着雪地上的反光读书。他们虽然家境贫寒，但勤奋学习不懈怠。

---

① (清)阮元校刻. 十三经注疏[M]. 北京：中华书局. 1980：1629，19.

[研读]

以上两例是家贫却能勤学的典型，车胤与孙康的"囊萤""映雪"发生时间一夏一冬，也体现了《三字经》行文之巧妙。车胤囊萤的典故还被选入了小学语文统编本教材的第 8 册第 22 课，内容完全照搬《晋书》中的"车胤传"，但对原文加以句读和注释。这一举措不仅体现了对文言文教学的重视，也可以看出《三字经》对该教材内容的编选影响。

5. 莹八岁，能咏诗，泌七岁，能赋棋。彼颖悟，人称奇，尔幼学，当效之。

[注释]

莹：北齐人祖莹，自幼好读书，时人称为小圣童。

泌：唐朝人李泌，自幼聪慧。

[译文]

北齐人祖莹八岁就能赋诗，唐朝人李泌七岁就能以棋为赋。他们年少聪明，人人称奇，你们年幼求学，应当效法他们。

[研读]

据传祖莹因为太过用功，父母曾秘密地藏起灯火以避免其夜读。他十二岁为中书学士，后为秘书监著作郎。李泌七岁时得到唐玄宗的召见，命以"方、圆、动、静"为赋，李泌请问其略，大臣张说曰：方若棋局，圆若棋子，动若棋生，静若棋死。李泌即赋曰：方若行义，圆若用智，动若骋材，静若得意。玄宗大奇之，赐他紫衣。后历任四朝宰辅，为国之重臣。

在《三字经》列举的诸多学习榜样中，祖莹与李泌均属于年幼有成。儿童在诵读中对他们的事迹最易产生兴趣，也就最易于模仿他们的勤奋好学。

6. 唐刘晏，方七岁，举神童，作正字。彼虽幼，身已仕，尔幼学，勉而致。

[注释]

刘晏：唐朝刘晏，年幼而为饱学之士。他七岁时考中神童科，被唐玄宗授以秘书省正字之职。

仕：作官。

[译文]

唐朝时期的刘晏，刚七岁的时候就考中了神童科，被授予秘书省正字的官职。他虽然年幼，但已经做官了，你们年幼求学，应当勤奋努力以达到他的成就。

[研读]

刘晏与祖莹、李泌同样都是幼年成材，但《三字经》写祖莹与李泌，重在突出他们的聪颖好学，写刘晏则重在突出他的幼年入仕。在当今的小学教育中，以入仕与否作为劝学的根据显然并不可取，但可以挖掘这一人物身上的积极价值。据传唐玄宗曾问刘晏："卿为正字，正得几字？"刘晏对曰："五经四书之内诸字皆正，唯有一个'朋'字不正。"刘晏以"朋"字不正抨击当朝谗臣的朋比为奸，体现了他刚正不阿的性格。后刘晏历仕玄宗、肃宗、代宗、德宗四朝，官至户部尚书平章事。据《新唐书》记载，刘晏晚年因谗言而被害，当调查他遗留下来的家产时，只有两车书、米麦数斛，当时人皆佩服他的廉洁自律。①刘晏幼而入仕，为官刚正不阿、清正廉洁，这是后世儿童应向他学习的最重要的闪光点。

■ 二、《声律启蒙》与《弟子规》节选研读

《声律启蒙》属于韵对类读物，《弟子规》属于道德伦理类读物，两者在当今的小学传统文化教育中也有一定的地位，但与《三字经》比较起来应用稍少，故合并加以研读。在原典引用方面，以《传统蒙学丛书》中的《声律启蒙撮要》和《弟子规》为准。在原文翻译部分，由于《声律启蒙》是对于对仗词句的罗列，故仅提供"注释"，略去"译文"。

1. 云对雨，雪对风。晚照对晴空。来鸿对去燕，宿鸟对鸣虫。三尺剑，六钧弓，岭北对江东。人间清暑殿，天上广寒宫。两岸晓烟杨柳绿，一园春雨杏花红。两鬓风霜，途次早行之客；一蓑烟雨，溪边晚钓之翁。(《声律启蒙·一东》)

[注释]

晚照：夕阳。

鸿：鸿雁。

宿：停留。

钧：古代重量单位，以三十斤为一钧。

岭：泛指山岭，特指南方五岭地区。

江东：长江下游以南地区。

清暑殿：古宫殿名，在洛阳。

广寒宫：月宫。

---

① (宋)欧阳修等撰. 新唐书卷 149[M]//(清)永瑢. 纪昀等. 影印文渊阁四库全书(第 275 册). 台北：台湾商务印书馆股份有限公司，1987：138.

途次：次，停留。此词指途中住宿。

蓑：蓑衣，古代的防雨用具。

[研读]

这是《声律启蒙·一东》中的第一段。所谓对仗，实质上就是诗文中的对偶。在行文上要求上下对句的字数、句数、结构相等，平仄要协调；相对的词在词性上要相同、语意上要相关。从形式上来看，这一段主要呈现的是名词相对、偏正词组相对，韵脚押一东的韵。从内容上来看，将自然现象与动物、植物、人物相融合，形成一幅清新秀美的画面，意蕴含蓄隽永。

《声律启蒙》的韵对形式在小学语文统编本教材中也有所体现。如第一册的识字课文第五课的《对韵歌》为：

云对雨，雪对风。花对树，鸟对虫。山清对水秀，柳绿对桃红。

这一对仗的语言形式明显可以看到本段《声律启蒙》节选内容的影子。第二册的识字课文第六课《古对今》仍沿用了这一做法，但内容上稍微扩展了容量：

古对今，圆对方。严寒对酷暑，春暖对秋凉。晨对暮，雪对霜。和风对细雨，朝霞对夕阳。桃对李，柳对杨。莺歌对燕舞，鸟语对花香。

总体来看，这两篇课文对《声律启蒙》的语言表达形式均有所借鉴，在内容上也体现了本段《声律启蒙》以自然景物罗列为主的特点，但在语言的通俗性上比《声律启蒙》要更加突出。

2. 沿对革，异对同。白叟对黄童。江风对海雾，牧子对渔翁。颜巷陋，阮途穷，冀北对辽东。池中濯足水，门外打头风。梁帝讲经同泰寺，汉皇置酒未央宫。尘虑萦心，懒抚七弦绿绮；霜华满鬓，羞看百炼青铜。(《声律启蒙·一东》)

[注释]

沿：沿袭。

革：变革。

叟：年老的男人。

黄童：幼童。

牧子：牧童。

颜巷陋：此指孔子的弟子颜渊之典故。《论语·雍也》云："子曰：'贤哉，回也！一箪食，一瓢饮，在陋巷，人不堪其忧，回也不改其乐。贤哉，回也！'"

阮途穷：此指三国时期魏人阮籍的典故。阮籍之父为建安七子之阮瑀，他自己也位列竹林七贤之一，是魏晋风流的代表人物。他曾"率意独驾，不由径路，车迹所穷，辄恸哭而反"①。

池中濯足水：濯：洗。《楚辞·渔父》云：沧浪之水清兮，可以濯吾缨，沧浪之水浊兮，可以濯吾足。

打头风：逆风。

梁帝：南朝梁时的梁武帝。

汉皇：汉高祖刘邦。

绿绮：古琴名。

青铜：古镜名。

[研读]

这是《声律启蒙·一东》中的第二段，与第一段相比较，蕴含了大量的典故，涉及颜渊、阮籍、屈原、梁武帝、汉高祖等较为著名的历史人物。典故的运用可以使文字简练而意蕴丰厚，但过多、过深的用典会使文章变得晦涩难懂。《声律启蒙》中有大量的段落涉及用典，而且典故繁多。从小学教育的角度来看，这些繁多的典故并不适合儿童理解与吸收。因此，对《声律启蒙》类用典较多的蒙学读物，应尽量采用其中较为浅显直白的内容，或对其进行适当的改写。在这方面，上文提到的小学语文统编本教材中的课文《对韵歌》《古对今》就是很好的范例。

3. 弟子规，圣人训：首孝弟，次谨信。泛爱众，而亲仁，有余力，则学文。(《弟子规·总叙》)

[注释]

弟子：目前有两种解释：(甲)弟与子，相对父兄而言②，(乙)年纪幼小的人③。本书从蒙学角度出发，以第二种解释为准。

规：规矩，规范。

圣人：此处指孔子。《论语·学而》中孔子云："弟子入则孝，出则悌，谨而信，泛爱众，而亲仁。行有余力，则以学文。"

训：教导，教诲。

孝：善事父母。

---

① (唐)房玄龄等. 晋书卷49[M]//(清)永瑢. 纪昀等. 影印文渊阁四库全书(第255册). 台北：台湾商务印书馆股份有限公司，1987：826.

② 《古代汉语词典》编写组. 古代汉语词典[M]. 北京：商务印书馆. 2007：309.

③ 杨伯峻. 论语译注[M]. 北京：中华书局. 2006：5.

弟："悌"的古字，敬爱兄长。

亲仁：亲近有仁德的人。

文：文化典籍。

[译文]

年纪幼小的人应遵守的规范，是圣人孔子的教导：首先应善事父母、敬爱兄长，其次应谨慎而诚信。广泛地爱大众，亲近有仁德的人。有余力的话，就学习文化典籍。

[研读]

这是《弟子规》的总纲，是全文关键之所在。其中蕴含了三个要素：一是对孔子的推崇，体现了鲜明的儒家色彩；二是点明这一蒙学读物的性质是学规学则；三是明确年纪幼小的人学习的次第：以熏习、提高道德修养尤其是孝、悌之道为要，其次才涉及学习文化典籍。以上三点使此书呈现出浓厚的儒家道德训诫意味，并体现了鲜明的封建时代特征。

对《弟子规》的提倡始于20世纪末，至今在小学传统文化教育中仍有余韵。在二十余年的时间里，对《弟子规》推崇者有之，挞伐者有之，保持中立者亦有之。据前文所述，此书很可能盛行于晚清至民国时期，则在内容上必然与其他蒙学读物一样，具有鲜明的时代烙印。因此，对《弟子规》当注意取其精华、古为今用，实际上这也是对待所有传统文化经典应持有的态度。

4. 亲所好，力为具；亲所恶，谨为去。身有伤，贻亲忧；德有伤，贻亲羞。(《弟子规·孝》)

[注释]

亲：此指父母。

好：喜爱。

具：备办，准备。

恶：厌恶。

去：除去，去掉。

贻：造成，招致。

[译文]

父母喜爱的，要尽力为他们备办；父母厌恶的，要谨慎地为他们除去。身体上受伤，会令父母忧虑；德行上有亏欠，会令父母感到羞耻。

[研读]

由于时代的局限性，《弟子规》中有大量的内容需要批判性研读，此段节选即是代表性的一例。此段内容属于《弟子规》中论孝的部分，该部分最大的特色是体现了完全的父母本位观，即一切行为规范的制定都是站在父母的角度对儿童加以约束与说教。从儿童的角度来看，这种道德训诫的出发点本身就是不合理的。以"亲所好，力为具；亲所恶，谨为去"四句为例，其发展的极致在古诗《孔雀东南飞》里有最形象化的诠释。但是，这段文字是否就一无是处、完全不可取呢？这还需要具体问题具体分析。如父母之好并非不良嗜好，父母厌恶的是丑恶的事物，那么子女在力所能及的情况下，尽心做到"亲所好，力为具；亲所恶，谨为去"，又有什么不好呢？

《弟子规》中还有一些内容是需要在当今教育中加以利用并完善的，"身有伤，贻亲忧；德有伤，贻亲羞"四句即是有代表性的一例，有学者对此作了深入的分析。如有的小学老师在处理学生打架时引用这四句，很好地化解了学生的打架问题，这种活学活用是值得充分肯定的。但是，如果学生要求老师对打架事件评出一个是非曲直，老师就应该对打架的起因、过程和结果说个明白，因为这是学生的合理要求，体现了学生的主体意识，在当今的小学教育中教师是应该予以肯定和支持的。这是《弟子规》所不可能想到和无从认可的问题，但这恰恰是对《弟子规》应采取的创造性的学习态度。[①]

当然，《弟子规》中也有一些内容是不利于儿童成长的，如"彼说长，此说短，不关己，莫闲管""扬人恶，即是恶，疾之甚，祸且作"等，宣扬的是明哲保身的保守思想，不宜在小学教育中采用。

5. 冠必正，纽必结，袜与履，俱紧切。置冠服，有定位，勿乱顿，致污秽。(《弟子规·谨》)

[注释]

履：鞋子。

切：切合。

顿：放置。

[译文]

帽子要戴正，扣子要扣好，袜子与鞋要穿好，鞋带要系紧。放置帽子和衣服，要有固定的位置，不要随意乱放，会把衣帽弄脏。

[研读]

这一段对儿童的衣帽穿戴提出了具体要求，并将之归入《谨》的部分，可见《弟子规》对"谨"的阐释是具体而微的。简言之，要求儿童衣帽整洁、穿戴端正，从衣饰的规范入手，为树立文质彬彬的君子形象奠定基础。这一段儿童穿戴规范在今天的小学教育中仍有重要的应用价值，小学语文统编本教材第四册的"语文园地五·日积月累"中，即编选了此段内容。

---

① 黄济. 蒙养教育和蒙养教材(下)[J]. 中国教师，2006(08)：19.

6. 惟德学，惟才艺，不如人，当自励。若衣服，若饮食，不如人，勿生戚。（《弟子规·信》）

[注释]

惟：只有。

励：勉励。

若：假如，如果。

戚：忧愁，悲伤。

[译文]

只有道德、学问、才能、技艺不如别人的时候，才应当自我勉励(力争上游)。如果衣服与饮食不如别人，则不应该产生忧愁悲伤的情绪。

[研读]

这一段为儿童指出了努力学习的目标是德、学、才、艺，不应把目光过分地关注到衣服、饮食上。这种思想在今天的小学教育中仍有重要的价值，可以以此为契机，引导小学生不要攀比生活中的物质享受，要更注重自己道德修养的提升、学业水平的提高。这一段内容也被选入了小学语文统编本教材第四册的"语文园地五·日积月累"中，与上一段的儿童穿戴规范并列，在内容上更侧重于端正儿童的学习态度。

以上研读内容只是涉及传统蒙学经典中的极小一部分，但论及了对蒙学经典的态度、蒙学经典在小学教育中的应用等问题。由于现在广泛传播的蒙学经典比"四书"、《老子》、《庄子》老庄更浅显，因此更适宜在小学传统文化教育中加以采用。需要注意的是，蒙学经典受其产生的时代局限，与当今的小学教育不可能完全契合。在采用的过程中，应注意对其内容的慎重选择、理性思辨、活学活用与创造性深化。

第三节 小学蒙学经典教学案例与分析

一、教学案例

案例一：《笠翁对韵·一东》

沈阳市沈河区文化路第二小学　　张萌萌

学习材料

笠翁对韵·一东.mp4

笠翁对韵·一东

天对地，雨对风，大陆对长空。山花对海树，赤日对苍穹。雷隐隐，雾蒙蒙，日下对天中。风高秋月白，雨霁晚霞红。牛女二星河左右，参商两曜斗西东。十月塞边，飒飒寒霜惊戍旅；三冬江上，漫漫朔雪冷渔翁。

教学对象

沈阳市沈河区文化路第二小学四年级学生。

课程类型

语文实践活动课。

教学目标

(1) 理解《笠翁对韵·一东》的内容。

(2) 结合《笠翁对韵·一东》的内容，学习对仗及押韵，并尝试简单的诗词创作。

(3) 将《笠翁对韵·一东》与熟悉的古诗词相结合展开教学，激发学生对中国传统文化的学习热情，做一个小小的中华文化传播者。

教学重点

引导学生掌握押韵和对仗的基础知识。

教学难点

运用押韵和对仗进行简单的诗词创作。

教学准备

(1) 学生搜集有关作者李渔和《笠翁对韵》的相关资料。

(2) 学生熟读《笠翁对韵·一东》，课前自学《笠翁对韵·一东》的内容。

教学课时

一课时。

教学流程

一、采访式导入

1. 教师采访

教师上课前对学生做一个小采访。

问题一：你期末考试取得了好成绩，你会怎么说？

问题二：看到漂亮的小姐姐，你会怎么夸她美丽？

2. 导向古诗词

如由问题一引入唐代大诗人孟郊的诗句："春风得意马蹄疾，一日看尽长安花。"由问题二引入西汉音乐家李延年的诗句："一顾倾人城，再顾倾人国。"

3. 教师导入本课

师：他们都是用如此优美的诗句来表达自己的感受，今天让我们一起走进《笠翁对韵》，来了解和学习古人是如何吟诗作对的。

【设计意图】

通过采访的方式，激发学生的学习兴趣，进而导入新课。

二、材料交流

1. 学生成果展示

此环节由学生介绍课前了解的相关资料，充分展示预习成果。展示内容包括：解题、吟诗作对常识、《笠翁对韵·一东》内容概貌等。

2. 教师指导

教师重点引导学生掌握用"题目拆分"法学习课题，即："笠翁"即作者李渔的号，"对"即对仗，"韵"即押韵。因此，《笠翁对韵》即作者李渔为儿童编写的一本学习对仗和押韵的启蒙书。

【设计意图】

课前收集资料，培养学生自主学习的能力，使学生在课上能够带着问题学习。教师根据学生的学习情况进行助学，使学生印象深刻。

三、学习押韵与对仗

(一)学习押韵

(1) 学生在课前熟读的基础上，课堂再次练习诵读、回顾。

(2) 请学生观察"一东"这一韵部中，教师用红色标注的字(风、空、穹、蒙、中、红、东、翁)有什么共同特点？学生通过观察发现这些字的韵母都是 ong。

教师总结：诗句最后一个字的韵母相同或相近的情况叫作押韵，这个韵母即韵脚。

(3) 以《悯农》《静夜思》《春晓》这三首学生熟悉的古诗为例，引导学生准确地找到韵脚。再让学生试着思考：之前学习过的古诗中，还有哪些诗句押韵？韵脚都是什么？

(4) 教师给出四个具有相同韵脚的字：鸭、霞、家、茶。提问：请大家至少运用其中三个字，以小组为单位，做一首押韵的小诗(押韵即可)。

(5) 作品交流与展示。

(二)学习对仗

1. 对仗知识介绍

以《笠翁对韵·一东》的第一个对子"天对地"为例，教学"对仗"这一修辞手法。学生通过观察"天"与"地"在内涵和声调上的特点，能够发现它们都属于自然界中的一部分，但地理位置相反，其中"天"是第一声，"地"是第四声。

教师总结：对仗体现在字音与字义两方面，字音方面：一、二声为平声，三、四声为仄声。字义方面：意思相同或相反，且属同一类事物。两个字平仄相对，属于同一类别，意思相同或相近的现象叫作对仗。

2. 对仗小练习

(1) 选择题：下列哪些字与"雨"字相对仗？

A. 风　　　　B. 雪　　　　C. 雷　　　　D. 雾　　　　E. 云

教师与学生探讨对仗理由。

(2) 你来对一对：

女—　　　　绿—　　　　日—　　　　花—　　　　后—　　　　夏—

3. 对仗知识拓展与审美鉴赏

(1) 教师在"一字对"的基础上，进而展示"双字对""三字对""五字对""七字对"及"十一字对"等。

(2) 对仗与民间传说、古诗相联系。

如学习"牛女二星河左右，参商两曜斗西东"两句时，请学生来讲牛郎织女的故事。

学生通过故事了解"牛女二星河左右"的含义。再借助二十八星宿图，了解"参星"和"商星"的相对位置，以此来理解"参商两曜斗西东"的含义，并欣赏杜甫的《赠卫八处士》当中有关"参商"的诗句。

再如欣赏"十月塞边，飒飒寒霜惊戍旅；三冬江上，漫漫朔雪冷渔翁"一段。请学生在这个十一字对中找到时间、地点、人物、人物行为、环境描写、人物感受。当学生发现如此丰富、美好的画面，作者仅用22个字来表达，就易于领悟到古诗词的凝练之美。

【设计意图】

通过学生自学、伙伴互学、教师助学等方式，引导学生理解对仗和押韵，并学会应用。

四、诵读巩固

(1) 整体配乐诵读。

(2) 分组表演诵读。

根据教学时间，适当地安排学生分组表演、吟唱或用软、硬笔书法展示本课学习内容。

【设计意图】

通过表演的形式，一方面检验学生的学习成果，另一方面为学生搭建一个展示自我的舞台，引导学生在表演中提高语言表达能力。

五、拓展延伸

(1) 课后学生制作对子问答卡片，开展对对碰活动。

(2) 用课堂上学到的学习方法，继续学习第二韵部，并以小组为单位进行交流。

【设计意图】

将课上内容做拓展延伸，增加学生知识学习的广度、能力提升的宽度。

教学反思

　　学生通过对《笠翁对韵·一东》的学习，对《笠翁对韵》这本书产生了浓厚的兴趣，感受到了吟诗作对的美与趣，更对中国传统文化的学习兴致盎然。"学生为主体，教师为主导"的教学理念在本节课中体现明显，学生在教师的引导下了解古诗词的押韵与对仗，并通过多种形式的诵读活动积累了大量的古代韵语。通过本课的教学，能够让孩子们真正地走近经典、走进经典，将对学生体悟中国古代诗词艺术起到积极作用。学习并非一朝一夕之事，也并非在课堂一讲一解、一问一答之间就能够将博大精深的中国传统文化根植于学生的思维之中，今后我也会将我的课程元素融入孩子们的生活之中，因为生活才是最好的课堂。

案例二：《姓氏中的秘密》

沈阳市实验学校(小学部)　　张梓明

姓氏中的秘密.mp4

教学对象

小学一年级学生。

课程类型

语文实践活动课。

教学目标

(1) 了解姓氏的由来、数量。

(2) 绘制家庭成员结构图，完善对家族姓氏传承的理解。

教学重难点

了解姓氏的由来。

教学准备

多媒体课件、A4 纸、彩笔。

教学课时

一课时。

教学流程

一、创设情境 导入新课

　　师：上课啦！让我们先来听一段音乐，认真听歌词，你能听出什么？

　　生：《百家姓》。

　　师：刚才的乐曲，听起来是不是很熟悉呀！你已经跟着哼唱起来了吧？歌词中的每一个字，都是一个"姓氏"。说到姓，老师就以自己姓"张"而感到特别自豪，姓"张"的人非常多，你知道历史上有哪些姓张的名人吗？

生：张衡、张飞……

师：姓张的历史名人还有很多，如：张良、张居正、张献忠、张学良等。"张"姓最早是出自人文始祖轩辕黄帝的姓，是有着深厚的历史传承的！同学们，你们都姓什么呢？

（学生争相介绍自己的姓。）

PPT 课件创设情境，师介绍：我们的姓是从何而来的呢？你想知道关于你的姓氏的来历吗？今天小明同学和他的教授爷爷将带大家共同探索——姓氏中的秘密。你将会知道原来每一个姓都有它自己的有趣故事，你准备好了吗？请竖起你的小耳朵！

【设计意图】

用《百家姓》音乐带孩子们走进姓氏的世界，渲染氛围。提出同一姓氏的名人，引发学生思考自己姓氏的由来，激发学生学习的兴趣。

二、释疑解难 了解姓氏

（一）板块一：什么是姓氏

PPT 课件创设情境，师介绍：小明的爷爷家搬来了一位新邻居，第一次见面，这位叔叔非常有礼貌地对爷爷说："请问，您贵姓？"爷爷回答说："免贵姓张。"得知小明家也姓张，邻居高兴极了，对爷爷说："五百年前咱们是一家。"小明同学在一旁听到两人的对话之后感到非常疑惑。就问爷爷，他为什么和你说"您贵姓"？是因为他猜您姓"贵"吗？

师：屏幕前的同学们，你们能帮助小明同学解决他心中的疑惑吗？

（学生讨论交流。）

师：有的同学认为邻居猜想小明爷爷姓"贵"，有的认为这是一种礼貌的询问方式，我们看看故事里是怎么说的。

播放 PPT 课件，师介绍：爷爷告诉了小明答案：中国自古就是礼仪之邦，最直接的体现就是个人的言行举止。在问别人姓氏时，出于礼貌和尊重应该说"您贵姓"，意思是"您可以告诉我您尊贵的姓氏是什么吗"。对方回答也要以礼相待，比如爷爷姓张，就回答说"免贵姓张"。小明听完爷爷的讲解后恍然大悟。

师：同学们，你们是不是也学会了这句礼貌的问法呢？

播放 PPT 课件，老师介绍：学会了这句礼貌用语，爱思考的小明又陷入了沉思，刚刚邻居叔叔说"五百年前我们是一家"，这又是为什么呢？

师：姓氏，是一种解释我们是不是一家人的标志。

【设计意图】

多次用 PPT 课件创设情境，联系生活实际让学生了解什么是"姓氏"。同时，引导学生在口语交际中学会关于姓氏问答的礼貌用语。

(二)板块二：《百家姓》

1. 中国姓氏的数量

师：你姓"李"，他姓"张"，还有人姓"司马"和"欧阳"。想一想生活在你身边的人，你的邻居、你的同学，大声地说出来，他们都姓什么？

生：赵、姜、刘、王、李、靳……

师：有没有想过，在我们祖国的大家庭里，一共有多少个姓氏呢？

播放PPT课件，师介绍：大家都知道中国古代著名的儿童读物《百家姓》，《百家姓》中记载的可并不只有一百个姓氏哦，《百家姓》中一共有504个姓呢，其中像"张王李赵"这样一个字的姓叫作单姓，有444个，像"欧阳、司马"这样两个字的姓叫作复姓，有60个。姓氏的个数并没有止步于此！随着时间的推移、人口的增长，到了明朝就有了《千家姓》。

师：听后你一定会非常惊讶，根据公安部数据统计分析，目前全国在用姓氏共有6150个。

现在我们来做一个小游戏，给屏幕上老师展示的这些卡通人物起一个好听的名字吧！既然有六千多个姓氏，我们给他们起一个什么名字好呢？可以用上面出现的姓氏，也可以自己选择姓氏，不会认的字，可以叫老师来帮忙哦！

生1：我给小白兔起名：它姓白，叫白蓉蓉。

生2：猫咪姓欧阳，毛茸茸的，非常可爱，我给它起名叫欧阳萌萌。

生3：讨人喜欢的狗狗会给我们带来好运气，叫它吉多。

生4：猪哥哥每天都开开心心，起名叫朱乐。

……

师：姓氏真是太多了，六千多个姓氏，它们都是从何而来的呢？

【设计意图】

让学生了解姓氏的数量之多，激发兴趣的同时进行思考，这么多的姓氏从何而来？为下一步教学做铺垫。

2. 中国姓氏的来历

师：我们来看屏幕上的这些姓，先来跟老师一起读一读："熊、马、龙、花、叶。"你发现这些姓氏都和什么有关系呢？

生：它们有的是动物，有的是植物。

师：据研究，中华民族许多古姓都来源于人们对图腾的崇拜，除此之外有以地名和国名为姓氏的，有以上古时代的官名为姓氏的，有以居住地的方位为姓氏的。

你知道自己姓氏的来历吗？

【设计意图】

将姓氏进行分类，让学生了解姓氏的主要来源，并结合所学知识猜想自己姓氏的由来与什么有关。

三、动手实践 强化新知

播放 PPT 课件，师介绍：小明同学的爷爷张教授对姓氏做了多年的研究，小明同学受到爷爷的感染，也对姓氏产生了浓厚的兴趣。最近他制作了一张图，让我们一起来看看吧。这是一张小明同学的家庭成员结构图，小明的爸爸姓张，妈妈姓李；他的姥姥、姥爷，除了妈妈这一个孩子，还有妈妈的其他兄弟姐妹，也就是他的舅舅和姨妈。同样，他的爷爷、奶奶，除了爸爸这一个孩子之外，还有爸爸的其他兄弟姐妹，也就是他的大伯、叔叔和姑妈。

师：这样一张家庭结构图，让我们弄清了家庭成员的关系，是不是觉得很有趣呢？那你也来尝试着制作一幅你家的家庭结构关系图吧！

师：想一想我们都需要准备什么？

(1) 首先，我们需要准备好纸笔，相信你们越精心地准备就越能得到一个好的结果。

(2) 动笔前我们要回忆一下，我们的家庭成员都有哪些？家庭成员的名字你都知道吗？如果都知道，你可真是太棒了！如果有不知道的，想一想，你该怎么办？可以问问你的爸爸妈妈！

(3) 遇到不会写的字，可以使用拼音代替哦！

(4) 写好后，拿给自己的家长，让他们帮助你看一看内容是否正确，之后我们还可以画上美丽的装饰，让其更加美观。

【设计意图】

通过实践活动来加深、巩固所学知识，对学习到的知识加以运用，对学生的实际生活产生联系与影响。

四、学以致用 探索未知

师：今天，老师的两位朋友小明同学和他的爷爷带大家探索了许多姓氏中的小秘密，姓氏的演变是人类进步的见证、是中华文明的产物。在今后的语文学习中，你还会继续了解更多关于姓氏的知识，这节课我们就先上到这里。

相约语文，遇见美好，同学们，再见！

【设计意图】

总结本课内容，让学生了解姓氏的知识。同时引导、激发学生对中华优秀传统文化学习的兴趣。

教学反思

本课的教学重难点是了解中国姓氏的由来。通过本课的教学，大部分学生在课堂上能够掌握基本知识。本课的教学特点在于，针对学生年龄的认知特点，根据不同的教学内容，利用 PPT 课件创设情境，激发学生的学习兴趣。拓展资料的引入使学生了解姓氏的由来、类别、数量，特别是制作"家庭成员结构图"这一环节，学生在动手实践的过程中，将所学的知识加以内化，为后续的学习与探究奠定基础。在实际教学过程中，由于课堂时间的限制，没有进行"家庭成员结构图"的班级展示。另外，在教学中多次采用小明和爷爷的故事铺设情境，但只是播放 PPT 图片，由教师进行画外音介绍，如果制作成动画的形式，相信教学效果会更佳。

二、教学分析

上述两则教学案例均涉及传统蒙学经典读物，一为《笠翁对韵》，二为《百家姓》。同时，在课程类型上也均设定为语文实践活动课。因此，这两则案例既有共性又有个性。从共性上来看，主要体现在以下两个方面。

一是教学目标明确而合理。中国的传统文化经典内容博大精深，即使是《笠翁对韵》《百家姓》这样的童蒙读物，也涉及韵部、押韵、对仗、典故、姓氏的由来、姓氏的种类和数量等诸多问题。上述两则案例的教学目标都能考虑到学生的接受能力，要求学生掌握的内容既清晰明了，又具有适当的难度。案例一要求学生能够初步了解关于对仗与押韵的基础知识，在对仗方面突出字义的相近或相反，在押韵方面突出韵母的相同或相近。案例二要求学生能够了解姓氏的由来、数量，并通过家庭成员关系图明确姓氏的传承特点。在教学目标设计中，明确且合理地择取诗词格律与姓氏学的知识点，使学生初步了解、应用相关知识，是这两则案例的共性特点。这种教学目标的设计不仅可以引导学生初步感知传统文化，也从最近发展区理论出发，引导学生"跳一跳，就能摘到桃子"，从而激发其学习的兴趣与热情。

二是作为语文实践活动课，侧重于对学生实践能力的培养。根据语文新课标的界定，语文课程在本质上是实践性课程，应着重培养学生的语文实践能力，应该让学生多读多写，日积月累，在大量的语文实践中体会、把握运用语文的规律。[①]以上两则语文实践活动案例更是凸显了对学生实践能力的培养。案例一不仅有引导学生创作简单诗词、《笠翁对韵·一东》的内容诵读表演等实践活动，而且在押韵与对仗的教学中有对拼音、字词的练习与巩固，在词句内涵教学中有对古诗审美鉴赏能力的培养，在牛郎与织女的故事复述中有对口

---

① 中华人民共和国教育部. 义务教育语文课程标准：2011 版[M]. 北京：北京师范大学出版社，2012：3.

语表达能力的训练。可以说,案例一的语文实践活动是丰富多彩的,活动设计的出发点是培养学生的语文能力。案例二的实践活动围绕着姓氏知识展开,主要体现在学生为卡通形象起名字、画家庭成员关系图两个环节,活动安排得少而精,并侧重于引导学生认识到所学知识与生活的密切联系。

在以上共性的基础上,两则案例也是各有特色。案例一侧重于在语文课程学习基础上的教学拓展。以案例中的古诗内容设计为例,古诗被安排在三个教学环节:一是课程导入环节,教师代入了唐代孟郊和汉代李延年的名句;二是教学重点——学习押韵环节,教师以《悯农》《静夜思》《春晓》为例,引导学生学习古诗的韵脚知识,并启发学生在学过的古诗中进一步加以思考、巩固;三是在另一教学重点——学习对仗环节,以欣赏杜甫的《赠卫八处士》中相关诗句作为教学拓展。对于案例一的教学对象——四年级的小学生而言,押韵与对仗的知识比较复杂,学生不易掌握,从其熟悉的古诗入手,无疑有利于教学活动的顺利展开。

与案例一不同的是,案例二更侧重于情境教学,这是由其教学对象和教学内容决定的。案例二的教学对象是一年级的小学生,教学内容是有关姓氏的由来、数量、在家庭关系中的应用。对于一年级的小学生来说,不容易自觉地将三个知识点贯穿起来,但教师设计的情境故事恰好有利于这一问题的解决。在故事中,小明与爷爷的对话、爷爷与邻居的对话、小明受爷爷影响制作家庭关系图等情节,合理而自然地推动了教学的进程,使处于形象思维阶段的一年级小学生容易通过故事情境理解所学的知识点。

这两则案例也存在一定的不足,在教学反思中均有所体现。案例一在教学中的生活实践性宜进一步突出,案例二的情境故事如果设计成动画放映的形式效果会更好。

三、教学建议

传统蒙学经典与“四书”、《老子》、《庄子》皆不同,由于在古代即用于儿童启蒙教育,相当一部分经典是朗朗上口而利于儿童诵读、掌握的。可以说,在我国有影响、能在启蒙课堂中长盛不衰的蒙学读物,都是用韵语和对偶的形式编成的。即使极个别流传很广的散文读物,如《二十四孝》之类,虽然没有运用韵语和对偶的形式,但也都非常简短,以儿童能够接受为宜,具有鲜明的便读性特征。[①]将这一类经典引入小学传统文化教育,在教学中应注意以下问题。

---

① 徐梓. 中华蒙学读物通论[M]. 北京:中华书局,2014:218.

1. 合理地设置教学目标

对于传统蒙学经典来说，多应用于小学校本课程或语文实践活动课，在本质上或属于传统文化教育活动内容，或属于语文课程教学。在不同的教学情境下，合理地设置教学目标是有效开展教学的关键。

小学的传统文化教育活动属于德育的一部分，这一教学情境下的蒙学经典教学，在目标设计上应注重合理地突出德育的内涵。如《三字经》中诸多勤勉好学的范例较有德育价值，这些范例从社会地位、家境、年龄、性别等不同的角度突出了勤奋学习的重要性，历来是劝学的典型素材。但是，其中有头悬梁、锥刺股等毁伤身体的极端行为，在教学中是不宜提倡的。因此，在教学目标的设计中，应突出"合理借鉴《三字经》勤勉好学的典型事例"，引导学生树立正确的学习观。

在语文实践活动课程中，蒙学经典实质上是展开语文实践教学的素材，教学目标指向的应该是学生语文核心素养的培养。根据 2017 年版高中语文课程标准的概念界定，语文学科核心素养主要包括语言建构与运用、思维发展与提升、审美鉴赏与创造、文化传承与理解四个方面。这四者以语言的建构与运用为基础，彼此融合而形成一个整体。目前普及的小学语文统编本教材在编写的时候，虽然新的高中语文课程标准尚未颁布，但在一定程度上采纳了"语文学科核心素养"这一理念。[①]因此，小学的语文教学也应服务于上述语文核心素养的培养。在语文实践活动中采用《三字经》《笠翁对韵》等蒙学经典，教学目标的设定同样应注意对学生语文核心素养的培养问题。在这个方面，本节教学案例一具有一定的典型性，其教学目标的设定不仅涉及运用对仗、押韵知识对学生语言运用、思维发展的培养，也包括引导学生创作简单诗词的审美创造活动，最终指向的是学生对传统诗歌文化的理解与传承。

2. 恰当地采用蒙学经典内容

传统蒙学经典类型多样，内容丰富，涉及伦理道德、文学艺术、学规学则、历史发展等诸多方面，精华与糟粕是同时并存的。采用蒙学经典展开教学，内容的选择同样比较重要。以《弟子规》而论，该书在本质上属于学规学则，规则的界定主要是以宗法制社会的伦理道德规范为标准的，这是其在当代传统文化教育中屡屡引起争议的一个重要原因。本章第二节对小学语文统编本中引入的《弟子规》的内容进行了研读，通过研读会发现，统

---

① 温儒敏. 坚持立德树人，立足核心素养——用好统编本语文教材的两个前提[J]. 语文建设，2019(14)：6-7.

编本中编选的《弟子规》片段具有较强的学规特征，基本不涉及对封建伦理道德的评判，这在规范小学生日常行为方面就具有适用性。再以《百家姓》而论，这是流传较广的经典蒙学识字教材，但除了各种姓氏的罗列外，并无其他教学内容。本节教学案例二对《百家姓》的采用较为可取，该案例讲解了姓氏的秘密，但仅把《百家姓》安排在两个教学环节，一是开篇的导入环节，二是对中国姓氏数量的介绍环节。这样既避免了生硬地学习《百家姓》，又使学生在了解姓氏知识的同时对该书有了更进一步的认识。

3. 以蒙学经典为素材，培养学生的批判思维能力

与"四书"、《老子》、《庄子》相比，蒙学经典内容相对浅显，又具有鲜明的时代特征，有利于对小学生批判性思维能力的培养。近年来，批判性思维在中学语文教学界比较热门，但在小学传统文化教育方面则明显缺失。

从批判性思维的特点来看，这并不是一种责难对方的思维，而是一方面倾听对方的发言，准确地解释论据、逻辑与情感；另一方面反思自身思考的错误与偏差。[①]可见，批判性思维强调的是在倾听基础上的理性思辨，在自我反思基础上的实事求是、追求真理与人格健全。在小学传统文化教育中，固然应重视文化的体悟与传承，但也应加入对学生批判性思维能力的培养，而蒙学经典就是一个突破口。如在引导学生学习《弟子规》时，就可以在课堂对话中鼓励学生对其中的内容进行大胆质疑、审慎求证："亲所好，力为具，亲所恶，谨为去"，究竟应不应该？"亲爱我，孝何难，亲恶我，孝方贤"，是否可取？"称尊长，勿呼名，对尊长，勿见能"，其中有没有可取的内容？教师可以根据学生的学段特点，选择《弟子规》中几个典型的句子，引导学生大胆质疑、分析讨论，并将课堂所得在生活中认真加以求证。这种立足于批判性思维训练的教学，不仅有利于学生汲取传统文化中的精华，也有利于学生形成健全的人格与理性的精神。

本章小结

蒙学读物是古代蒙学的重要载体，蕴含了丰富的传统文化精神，主要经历了四个历史阶段，即先秦至两汉阶段、魏晋南北朝至隋唐五代阶段、宋元阶段和明清阶段。在这一历史进程中，蒙学读物由最初的以识字读物为主，逐渐发展为包括识字、道德、知识、审美

---

① 钟启泉. 批判性思维：概念界定与教学方略[J]. 全球教育展望，2020(1)：6.

等各方面教育内容的文本群，规模日益庞大，体系日臻完善，经典之作迭出。这类读物主要具有三个特点：内容丰富，类型多样；作者众多，名家迭出；经典读物易读易背，传承久远。但是，蒙学读物在本质上是服务于宗法制等级社会统治的，存在着脱离儿童生活实际、忽视科技教育、缺少劳动教育等弊端。

本节从小学传统文化教育中较有生命力的识字、韵对、学规三类蒙学读物中，节选了《三字经》《声律启蒙》《弟子规》三部经典中的部分内容进行研读，从细节入手探索对传统蒙学经典的当代解读问题。在小学采用蒙学读物展开教学的过程中，应注意根据不同的教学情境合理地设置教学目标；恰当地选择蒙学经典内容；以蒙学经典为素材，加强对学生批判思维能力的培养。

思考题

1. 简述中国传统蒙学读物的发展历史。

2. 任选一部蒙学经典，思考其在当代小学传统文化教育中是否具有教育价值，并简述原因。

3. 以班级为单位，任选《弟子规》中的内容，运用批判性思维展开讨论。讨论后每人完成一篇体现批判性思维视角的小论文。

第五章 古 典 诗 词

学习目标

➢ 了解古代儿童诗歌类蒙学经典概要。

➢ 掌握中国古诗词的发展简史。

➢ 掌握小学古诗词审美鉴赏的特点。

➢ 初步掌握小学古诗词教学的特点。

重点与难点

中国古诗词发展历程　小学古诗词审美鉴赏的特点

导入案例

北京大学附属小学古诗文诵读活动①

北京大学附属小学(以下简称为"北大附小")的古诗文诵读活动开始于 20 世纪 90 年代初，并一直作为学校德育工作的有效载体之一。

该校重视古诗文诵读活动，对活动的开展做出了科学的规划，组建了富有活力的领导机构和辅导员队伍，制订了科学的诵读计划和比较完善的督促、检查、奖励、考评制度。在诵读计划中，以《语文课程标准》推荐的《小学生诵读 80 首》为基础，以 12 集的《中华古诗文读本》为补充，并精选了唐诗宋词中的经典名篇作为拓展，分年级、循序渐进地展开古诗文诵读活动，学生的诵读参与率达到 100%。诵读考评工作由各班班主任直接负责，每个学生建有背诵古诗文的个人档案，并根据背诵量申报"诵读小标兵""诵读小诗仙"等荣誉，在全校结业式上和"三好学生"一起受到表彰。学校还会评选"古诗文诵读优秀

---

① 潘东辉，莫晖. "腹有诗书气自华"——记北京大学附属小学古诗文诵读活动[J]. 中国德育，2008(11)：58-60. 本案例据此文整理而成。

班级"。

在诵读活动展开的过程中，该校秉持"以美育德"的育人理念，把古诗文诵读融入民族艺术教育活动之中，与器乐、书画、舞蹈、合唱、京剧等艺术形式有机结合，逐步形成学校诵读的特色。同时，也将古诗文诵读与班级特色活动相融合，如召开多种形式的以古诗文为主题的班队会，开展"赛诗会""古诗接龙""古诗新说""古诗文知识竞赛""最佳朗诵小诗人""挑战诗仙"等多种活动。大队部还在北大少年广播电台开辟了"古诗文诵读专题广播"栏目，在2005年的校园网学生论坛开辟了诗歌创作论坛，组织学生们在诵读的基础上创作了大量古今诗文。该校还组织学生积极参与古诗文诵读社会实践活动，如1999年部分同学在北京音乐厅参加唐宋名篇音乐朗诵会，国家领导人倾听了同学们的古诗文诵读；2000年，百余名同学参加了北大百年纪念堂唐宋名篇音乐朗诵会；2004年，该校参加了全国"少年中华唐诗行——中华小诗仙评比活动"，并有选手冲进了全国决赛。

该校还将古诗文诵读与语文教学改革有机结合，运用古诗文教学培养学生的问题意识、读书能力、想象能力和处理信息的能力。如郭琼老师的全国研讨课《古诗二首》中讲到《黄鹤楼送孟浩然之广陵》，针对"烟花"一词质疑，不仅交流了该词的古今异义，而且联系生活实际，想象长江两岸的春意盎然，师生吟诵积累的咏春诗句，从而感受到了浓浓的春意，体现了鲜明的问题意识。又如卢静老师的学区和全校研究课《西江月·夜行黄沙道中》，指导学生诵读时要读出韵味、节奏，感悟诗中的自然之美，学生们读到入情之处手舞足蹈，体现了对学生读书能力的培养。陈小葵老师的文学鉴赏课以"红豆生南国"引入，通过《静夜思》《九月九日忆山东兄弟》《泊船瓜洲》引导学生体会思乡之情的不同，再和学生一起赏读具有音韵美与思乡情的《长相思》，体现了对学生想象能力的培养。延瑞老师在参加世纪杯评优课时讲授王维的诗作《送元二使安西》，引导学生在课后拓展阅读《王维生平事迹初探》《王维诗选》《诗佛·王维》等书籍，体现了对学生信息处理能力的培养。

总之，该校的古诗文诵读活动颇见成效，学生们不仅获得了极大的精神满足，而且识字量增加，写作水平提高，记忆力增强，专注力提升，为其终身发展奠定了基础。

案例分析

上述案例典型反映了当代小学古诗词诵读活动的开展概况，现从以下三个方面加以总结归纳。

首先，案例呈现了当代小学传统文化教育初期的古诗词诵读情况。在本书绪言部分曾介绍，当代小学传统文化教育的前奏是20世纪90年代初的儿童经典诵读活动，该项活动始于中国台湾王财贵教授倡导的儿童读经活动，并由中国台湾地区迅速影响到全中国乃至海外华人世界。由于古诗词是中国传统文化经典的重要组成部分，故古诗词诵读是当时儿童读经活动的内容之一，并在后来的小学传统文化教育中一直占有重要的地位。根据上文介绍，北大附小的古诗文诵读活动即始于20世纪90年代初，并成为学校德育工作的有效载体之一，可见该校在小学传统文化教育中是走在时代前列的，学生的古诗诵读作为开展德育工作的一部分。

其次，案例体现了小学古诗词诵读活动制度化、丰富化、个性化的特色。随着诵读活动的深入开展，当代的小学古诗诵读活动日益趋向于科学、严谨、丰富、生动，北大附小的古诗文诵读活动生动地诠释了这些特色，并呈现了诵读活动制度化、诵读形式丰富化、诵读场域扩大化的特点。该校不仅制订了科学合理的古诗词诵读计划，而且建立了完善的督促、检查、奖励和考评制度，体现了对古诗词诵读活动的制度化管理。在诵读活动展开的过程中，又将古诗词诵读与民族艺术教育活动、班级特色活动相融合，使诵读活动具有多元化的艺术呈现形式、多样化的学生参与样态，体现了诵读形式丰富化的特点。同时，该校将古诗词诵读活动延伸到校外，在北京音乐厅、北大百年纪念堂等不同的地点进行活动展示，并参加了全国大型的古诗竞赛活动，这种诵读场域的扩大对提升全校的诵读质量具有明显的推动作用。

当代的小学古诗词诵读活动还具有诵读内容个性化的特色。据案例介绍，北大附小的诵读内容是以《语文课程标准》推荐的《小学生诵读80首》为基础，以12集的《中华古诗文读本》为补充，并精选了唐诗宋词中的经典名篇作为拓展，诵读内容比较丰富。甘肃省天水市的百年老校——解放路第一小学在诵读内容上则有不同的安排，从五言绝句到七言律诗，从《诗经》到唐诗宋词，直至现代名篇，共计有300首诗词。[①]这种安排并未突出小学语文的古诗词诵读内容，但诵读范围更广，尤其涉及现代名篇，更能突出诗歌创作的时代延续性特征。与上述两校古诗词诵读内容的丰富性不同的是，湖北省红安县实验小学根据学生的身心发展特点，按照从易到难的顺序，每学期精选15首经典诗词，共收录了180首经典诗词，编写了经典诵读校本教材。[②]这种诵读内容的安排明显体现了少而精的设计理念，具有独特的个性色彩。以上只是小学古诗词诵读内容安排的个案，实际情况更复杂。

最后，案例体现了小学古诗词教学的深入发展。小学古诗词教学虽然不是小学语文教学的重头戏，但教学地位也不容忽视。尤其是随着小学传统文化教育的深入展开，该项教学也日益受到重视，并获得了长足的发展。在北大附小的教学案例中，语文古诗词教学改革与课外的古诗词诵读活动有机结合，体现了对学生问题意识、阅读能力、想象能力、信

① 郭裕嘉，马德佳. 百年老校 凤凰涅槃[J]. 甘肃教育，2017(24)：13.
② 传承中华文化 打造书香校园——湖北省红安县实验小学创建纪实[J]. 新课程研究(中旬刊)，2018(05).

息处理能力的培养，古诗词成为培养学生语文素养的有效载体，从一个侧面反映了小学语文古诗词教学改革的阶段性成果。

第一节　古诗词经典概述

中国的古诗词发展历史悠久，名家名篇迭出。同时，在传统的蒙学读物中也有对古诗进行分类汇集的经典名著。本节从古诗词发展简史与古诗蒙学经典概要两个角度入手，对与当代小学传统文化教育相关的古诗词经典加以概述，尤其密切联系小学《语文》统编本教材。

一、古诗词发展简史

中国古诗词的发展史与朝代的更迭密切联系，本节按照朝代的发展脉络，将古诗的发展历史分为先秦、两汉魏晋南北朝、隋唐五代、宋元明清四大阶段，并以时间为序对其加以梳理。

1. 先秦诗歌

文艺源于人类的生产劳动，中国的古诗也不例外。在原始社会的劳作中，曾产生了《举重劝力之歌》这样的作品，从题目即可看出诗歌的雏形与生产劳动之间的密切联系。但是，这种作品并非真正意义上的诗歌，而是类似于有韵律的劳动号子。当简单的呼声配上具有实际意义的词语时，真正的诗歌得以产生。如涂山氏之女的《候人歌》虽然只有"候人兮猗"四个字，但由于有了"候人"这一实词的加入，就可以称之为真正的诗歌了。

先秦诗歌的主要成就当首推《诗经》与《楚辞》。《诗经》收集了西周初年至春秋中叶的305首诗歌，历来有"诗三百"之称。《楚辞》则汇集了屈原、宋玉、贾谊、东方朔、刘向等人的17卷诗歌作品，该书虽定型于东汉后期，但以战国时期屈原的作品为主，故仍将其归入先秦诗歌之中。《诗经》分为风、雅、颂三个部分，主要采用赋、比、兴的表现手法和借景言情的抒情方式，以整齐而富有变化的语言，深刻反映西周初至春秋中叶的社会现实生活，开创了我国现实主义的诗歌传统。《楚辞》在继承《诗经》艺术成就的基础上，以其深沉愤懑的情感、奇丽大胆的想象、瑰丽丰富的语言和独特鲜明的楚风，奠定了中国诗歌浪漫主义的文学传统，其创立者与代表者是著名的爱国主义诗人屈原，经典代表作是长篇自传性政治抒情诗《离骚》。无论是《诗经》还是《楚辞》，均对后世诗歌的发展产生了深远的影响。

先秦时期是中国文化的开辟、创造期，先秦诗歌是中国古诗词的源头与基石。在小学传统文化教育中，对先秦诗歌的采纳并不多，这以其产生时代久远、与当代语言表述的差距较大有直接关系。从小学语文课程来看，《义务教育语文课程标准》(2011 版)推荐的优秀古诗文中没有先秦诗歌，统编本教材在六年级下册的"古诗词诵读"部分选录了《诗经·采薇》的部分内容，但也仅此一首。也有小学的传统文化经典诵读教材节选了《诗经》的部分篇目。

2. 两汉魏晋南北朝诗歌

两汉是辞赋鼎盛的时期，诗歌的抒情传统曾一度低落，但汉乐府颇多名篇，汉末文人的五言诗也一度开创了诗歌创作的新格局。魏晋南北朝时期，诗歌再度兴盛，并为唐诗的繁荣奠定了坚实的基础。

乐府本是古代音乐机关的名称，后逐渐演变为一种诗体。汉代的乐府民歌继承了《诗经》的现实主义传统，广泛地反映了汉代的社会生活，在叙事艺术、诗歌体制等方面也有较高的成就。汉乐府民歌不乏名篇，最著名的是长篇叙事诗《古诗为焦仲卿妻作》，即《孔雀东南飞》，这首抨击封建礼教、歌颂婚姻自主的长诗对后世叙事诗的发展影响巨大。在乐府诗的影响下，五言诗日益成熟，在汉末产生了代表文人五言诗最高成就的《古诗十九首》。《古诗十九首》反映了汉末知识分子的痛苦与愤懑，抒发了游子思妇的满腔愁绪，具有浓厚的感伤情调。在艺术上善用比兴，抒情曲折，语言质朴凝练，有力地推动了文人五言诗的发展进程。

与两汉诗歌的低落不同，魏晋南北朝是古诗勃兴的时代。这一时期曾出现四言、五言、七言、杂言等不同形式，尤以五言诗创作最为兴盛，而曹操《短歌行》《观沧海》等诗作也使四言诗重放异彩。在诗歌题材上有玄言诗、田园诗、山水诗、宫体诗等不同的题材，尤以谢灵运的山水诗与陶渊明的田园诗对后世影响较大。在创作技巧上，南朝齐代永明年间的新体诗"永明体"，成为由比较自由的古体诗向格律谨严的近体诗的过渡，为唐诗的最后形成在形式上奠定了基础。同时，南北朝时期的乐府民歌也在继承汉乐府民歌现实主义传统的基础上，获得了长足的发展，并由于地域文化的差异形成了不同的特点，北朝乐府民歌风格粗犷刚健，南朝乐府民歌则趋向于清丽柔婉。北朝乐府民歌的代表作有著名的《敕勒川》《木兰诗》，南朝乐府民歌代表作则有《西洲曲》。

在小学传统文化教育中，对这一时期的诗歌也有所采用，但采用数量并不多。仍以统编本教材为例，编选了四首古诗，分别为两首汉乐府民歌《江南》和《长歌行》，一首是《古诗十九首》中的《迢迢牵牛星》，一首是北朝乐府民歌《敕勒歌》。但小学的相关校本教材编选范围会更广泛一些，如有的小学在古诗词经典诵读篇目中即编选了汉乐府的《悲歌》、曹操的《观沧海》、陶渊明的《饮酒》(其五)、颜真卿的《劝学》、北朝乐府民歌《木兰诗》(节选)等诗作[①]。

3. 隋唐五代诗词

隋唐五代时期的诗词创作有两大重要现象，一是唐诗的繁盛，二是唐、五代词的产生与发展。

唐诗的繁盛为中国文学史矗立了一大丰碑，现从初唐、盛唐、中唐、晚唐四个阶段展开论述。初唐大致从唐高祖至唐睿宗时期，盛唐为唐玄宗、唐肃宗时期，中唐从唐代宗至唐敬宗时期，晚唐从文宗至哀帝时期。初唐是唐诗繁荣的酝酿期，宫廷诗的创作是当时一个重要的文学现象，创作者以唐太宗、上官仪为代表，前者的诗风气势恢宏，后者诗风虽质地纤弱，但为诗歌的格律化发展提供了新的经验。继上官仪之后，著名的宫廷诗人有李峤、杜审言、沈佺期、宋之问等人。其中的杜审言为杜甫的祖父，他的五律在初唐成就较高。继宫廷诗人之后，出现了"初唐四杰"卢照邻、骆宾王、王勃和杨炯，他们以丰富的题材反映广阔的社会生活，诗风骨气充沛、气势刚健，成为当时社会中下层文人的代表。其后的陈子昂在诗歌理论与创作实践上均体现了对汉魏诗风的继承，他的《登幽州台歌》也成为千古名篇。

盛唐是唐诗发展的鼎盛时期，诗歌创作空前繁荣。以高适、岑参为代表的边塞诗派描写边塞生活、军旅题材，形成了悲壮高昂的基调和雄浑开阔的意境，著名的诗人还有王昌龄、王之涣、王翰等。以王维、孟浩然为代表的山水田园诗派则重在抒写田园生活、山水情调，使诗作呈现出静逸明秀之美。李白和杜甫是唐代诗歌创作的两座高峰，他们不仅描绘了生机勃勃的盛世繁华，也深刻揭露了社会的阴暗与时代的动荡。李白诗作感情豪放率真、气势充沛，在抒情方式上也是直率奔进、瞬息万变。他以丰富的想象、奇特的比喻、大胆的夸张进行创作，形式自由灵活，语言自然清新。杜甫的诗作风格多样、异彩纷呈，最突出的是沉郁顿挫与萧散自然两种截然不同的诗风。其叙事诗善于将典型概括与细节描写有机融合，真实而深刻地反映社会现实。同时，杜甫诗歌的语言准确凝练而又通俗自然，他又对各种诗体皆能运用得得心应手，已经达到了诸体皆备、无所不能的程度。李白有"诗仙"之誉，杜甫有"诗圣"之名，这与他们诗歌创作的独特个性是密不可分的。

---

① 于艳. 三主式经典诵读教学法[M]. 济南：山东人民出版社，2015：164-209.

中唐是唐诗出现新变的时期。前期的刘长卿、韦应物颇善山水诗。包括韩翃、卢纶等十位诗人在内的大历十才子虽整体上气骨衰弱，但亦有暗讽现实、笔力刚健的名篇传世。中唐诗歌最著名的两大诗派是元白诗派与韩孟诗派，前者曾掀起新乐府运动，以浅俗平易的风格抨击时弊，后者以诗风奇崛险怪著称。元白诗派的代表诗人是白居易、元稹，韩孟诗派的代表则有韩愈、孟郊、李贺等人。其他中唐著名诗人还有以诗风雄健著称的刘禹锡，以诗风冷峭简淡著称的柳宗元等人。随着唐王朝的江河日下，晚唐诗歌风貌再出新变。杜牧的诗风俊爽，尤以怀古咏史诗最为著名。贾岛、姚合等诗人作诗殚精竭虑，被称为苦吟诗人，其创作亦不乏名篇。李商隐的诗歌深情细腻，创造了朦胧美的独特诗境。其他诗人有陆龟蒙、皮日休、罗隐等，或诗风淡泊，或讽喻时世，亦有佳篇传世。总体来看，晚唐诗歌成就最高者仍首推杜牧与李商隐。

唐、五代也是词产生和初步发展的时期。词最早出现于民间，敦煌发现的词作多为民间作品，其题材广泛而内容丰富。随着民间词的发展，文人词也在逐步发展，并在中唐时期出现了不少佳作，如张志和的《渔歌子》、白居易的《忆江南》等。晚唐词人温庭筠是词史上第一位致力于填词的作家，以他为代表的花间词派确定了婉约词富于阴柔美的艺术风貌，但该词派大多是五代时期的西蜀词人。以李煜为代表的南唐词产生于五代后期，其艺术成就较高。李煜词构思精妙，语言平易自然，意境清新高远，尤其是后期词作直接抒写亡国之君的深哀剧痛，具有极强的艺术感染力。

唐诗在小学传统文化教育中占有极重要的地位，仅以语文统编本教材而论，无论是课文还是"语文园地·日积月累"部分，整首选入的唐诗就有58首，比其他各个朝代选录的古诗词都多。在这58首唐诗中，初唐、盛唐、中唐、晚唐的诗作皆有，又以盛唐诗为多。初唐诗人有虞世南、李峤、贺知章、骆宾王，盛唐诗人有王昌龄、王翰、王之涣、高适、孟浩然、王维、李白、杜甫，中唐诗人有韦应物、韩翃、卢纶、韩愈、孟郊、李贺、白居易、柳宗元、刘禹锡，晚唐诗人则有杜牧、李商隐与罗隐。以上涉及初唐宫廷诗人、初唐四杰、盛唐边塞诗派、盛唐山水田园诗派、李白、杜甫、大历十才子、韩孟诗派、元白诗派、晚唐小李杜等，几乎囊括了所有著名的唐代诗人、诗派。统编本对唐、五代词也有少量选编，如张志和的《渔歌子》(西塞山前白鹭飞)、白居易的《忆江南》(江南好)，同时在第十一册还编选了李璟《摊破浣溪沙》中的词句"青鸟不传云外信，丁香空结雨中愁"，冯延巳《醉花间》中的词句"霜树尽空枝，肠断丁香结"，体现了对学生学习视野的拓展。

4. 宋元明清诗词

宋代的诗、词皆较发达，尤其宋词更是成就斐然。元明清时期戏曲、小说高度繁荣，诗词成就远不及唐宋时期，但亦有名家名篇传世。

宋诗在唐诗的基础上另辟蹊径，形成了平淡瘦劲、长于思理的特点。宋初的诗文革新运动以复古而求革新，开创了平易流畅的一代文风，代表者有欧阳修、范仲淹、王安石、苏轼等人。苏轼是宋诗的突出代表，在题材的广泛、形式的多样、情思的深厚、艺术的兼容等方面皆出类拔萃，被誉为北宋诗坛第一大家。北宋最著名的诗派是以黄庭坚为首的江西诗派。黄庭坚推崇作诗当"无一字无来处"，以达到"点铁成金"的创新效果，但忽视了现实生活是创作的唯一源泉，将诗歌创作引入了以学问为诗的狭路。这一诗派在北宋后期形成，影响直至近代。江西诗派的创作局限在南宋杨万里、范成大、陆游、赵师秀、翁卷、刘克庄、文天祥等诗人的诗作中得以不同程度突破，他们的诗作或表现田园山水、生活情趣，或抒发爱国抱负、家国情怀，其创作从书斋走向了广阔的社会生活。

宋词的创作更丰富多彩。北宋前期，小令词人晏殊、欧阳修、范仲淹等人的词风已经在继承前代的基础上有所革新，柳永的词又在音乐体制的完备、审美情趣的俗化等方面使宋词面貌一新。北宋中后期词坛上，形成了以苏轼为首的苏门词人群和以周邦彦为首的大晟词人群，词风皆自成一家。苏轼的词作重抒情言志的自由而不为音律所拘，周邦彦则重视词的协律可歌，对词艺的追求重于对词境的开拓。随着靖康之难的爆发，宋王朝由和平转入战乱，这一时期的词人被称为南渡词人。南渡词书写战乱时代的苦难与忧患，增强了词的时代感和现实感，代表者有著名的女词人李清照和爱国词人岳飞，前者被誉为中国文学史上创造力最强、艺术成就最高的女性作家，后者的《满江红》(怒发冲冠)更是流传千古的爱国名篇。南宋词坛又出现双峰对峙的局面，以辛弃疾为代表的辛派词人和以姜夔为代表的姜派词人词风各异。辛弃疾的词作在词境的开拓、表现手法的创新、风格的多样化等方面皆取得了极高的艺术成就，并独创出"稼轩体"，确立了豪放派。姜夔则在继承周邦彦词风的基础上彻底使词雅化，其词作兼具清空、骚雅之长，被奉为雅词的典范。宋末词坛是辛弃疾与姜夔词风的继续，个别词人如吴文英、刘克庄、蒋捷等人的词作较有独创性，但在总体上并无更大的进展。

元明清的诗词成就皆不突出。元代的诗词成就当首推散曲。散曲作为一种新的诗体，呈现出更多的俗文学印记，具有浓重的市民情调，诗风显豁直露，体式灵活精巧，体现了自然酣畅的审美取向，代表作家有关汉卿、张可久、张养浩等人。明代的诗词创作不振，尤其是在诗歌创作上，虽数量众多且流派林立，但传世名篇极少。倒是为官清正的于谦创作了《石灰吟》这样思想性、艺术性均较高的诗作，另有明末的陈子龙、夏完淳等人的爱国诗篇使明诗大放异彩。明代散曲的代表作者有王磐、陈铎等，尤其是王磐的《朝天子·咏喇叭》抨击现实，极富讽刺意味。清代诗词在明代诗词衰落后出现了中兴的盛况，尤其是清初的钱谦益和吴伟业对清诗影响深远，在他们之后，诗坛形成崇宋、崇唐两大派别，并一直角逐到清末。另外，以袁枚为首的性灵派重视抒写个人性情，并揭露社会时弊，对清诗的发展起到了有力的推动作用，该派还包括郑燮、赵翼等著名诗人。清初词坛较为兴盛，著名词人有陈维崧、朱彝尊和纳兰性德，尤其纳兰性德词风婉丽清新、纯任自然，具有很强的艺术感染力。

在小学传统文化教育中，对这一时段的诗词也多有采用。以小学语文统编本教材为例，共编选了整首的宋代诗词三十三首，元诗一首，明诗两首，清代诗词六首，诗词共计四十二首。其中宋代诗词选录了范仲淹、王安石、王观、苏轼、黄庭坚、杨万里、范成大、陆游、朱熹、叶绍翁、翁卷、辛弃疾等名家的经典之作，尤以选录苏轼的诗词最多，共有六首。元诗选录了王冕的《墨梅》，明诗选录了唐寅的《画鸡》和于谦的《石灰吟》。清代诗词稍多，分别为郑燮、纳兰性德、查慎行、袁枚、龚自珍、高鼎之作。尤其需要着重指出的是，这一时段的词作共选录了六首，分别为王观的《卜算子·送鲍浩然之浙东》、苏轼的《浣溪沙》(山下兰芽短浸溪)、黄庭坚的《清平乐》(春归何处)、辛弃疾的《西江月·夜行黄沙道中》《清平乐·村居》和纳兰性德的《长相思》(山一程)，其中前三首为第十二册的古诗词诵读篇目，后三首为课文内容。选录数目的增多与精讲篇目的增多，均体现了对词作教学的重视。

在各小学的古诗词经典诵读教材中，选入的此阶段的古诗词范围要更广一些，如有的小学就加入了苏轼的《鹧鸪天》(林断山明竹隐墙)、李清照的《如梦令》(昨夜雨疏风骤)、岳飞的《满江红》(怒发冲冠)、陆游的《卜算子·咏梅》、文天祥的《过零丁洋》、郑燮的《咏雪诗》等作[①]。

■ 二、诗歌类蒙学经典概要

在古代蒙学读物的发展历程中，诗歌类蒙学经典是一大分支，不仅在蒙学教育中有广泛的应用，而且也曾经产生了一些比较有影响力的读物。这类蒙学读物虽然在当代不再作为教材使用，但其中的一些古诗经典篇目仍被小学传统文化教育所采用，也有大量的古诗资源有待进一步挖掘。

诗歌类蒙学读物较多，如宋代周子益的《训蒙省题诗》、高似孙的《文选诗句图》；明代沈鲤的《义学诗训》、沈易的《幼学日诵五伦诗选》；清代张伯行的《训蒙诗选》、

---

① 于艳. 三主式经典诵读教学法[M]. 济南：山东人民出版社，2015：180-202.

王锡元的《童蒙养正诗选》、刘霨的《童子吟》、李元度的《小学弦歌》等。在这些蒙学读物中，可以看到在当代小学也诵读的古诗词名篇，如在《文选诗句图》中即有《古诗十九首》中的《迢迢牵牛星》，在《幼学日诵五伦诗选》中有孟郊的《游子吟》，在《小学弦歌》中有北朝的乐府民歌《木兰诗》、李绅的《悯农》等诗作。不过，古代的诗歌蒙学经典在编选原则上仍是服务于统治教化，这方面宋代沈鲤的观点可作为代表。沈鲤在《义学诗训》中认为："盖发于思，良于讽，触而易感，引而易入，莫善于诗。先王以是为美教化、移风俗之端本，使人咏歌嗟叹、手舞足蹈而不自知也""使若子弟者朝夕于斯，因言以得意，则涉之可以稽物，绎之可以穷理，咏之可以平情，鼓之可以作气。由是而之焉大人之居仁由义，安知非托始于此耶"。[①]可见，沈鲤认为诗歌有助于教化，也是使儿童达到儒家仁义境界的桥梁。

除以上诗歌蒙学读物外，影响较大的有宋代汪洙的《神童诗》、宋代谢枋得和明代王相编选的《千家诗》、清代孙洙编选的《唐诗三百首》。

1. 《神童诗》

据明末朱国帧《涌幢小品》记载，汪洙为宋代鄞县人，九岁善诗赋，北宋哲宗元符三年(1100 年)进士，官至观文殿大学士，以仁厚忠孝闻名于时。"世以其诗诠补成集，训蒙学，为《汪神童诗》。"[②]但一般认为，《神童诗》中并不都是汪洙的诗作，应该是后人不断增补的结果。[③]

《神童诗》开篇为 14 首《劝学》诗，其中有流传广泛的诗句，如"万般皆下品，唯有读书高""将相本无种，男儿当自强""满朝朱紫贵，尽是读书人"等，其立意是服务于封建等级制统治，格调并不高。但也有意气慷慨之作，如："自小多才学，平生志气高。别人怀宝剑，我有笔如刀。"之后为《状元》、《言忠》、《帝都》(两首)和《四喜》5 首诗，写对功名的追求与帝都的繁华。另有 15 首时令诗，分别为《早春》《春游》《暮春》《寒食》《清明》《纳凉》《秋夜》《中秋》《秋凉》《七夕》《登山》《对菊》《冬初》《季节》和《除夜》，所写内容包括四季景物及风俗，以写春、秋两季的诗作为多。一些刊本在卷首还有 28 首诗，咏花、云、潮、雪、风、月等自然景观，及《言志》《安分》《待时》《仁义》《恢复》《华山》《道院》等，内容比较驳杂，当是后世增补之作。

---

① (明)沈鲤. 亦玉堂稿(卷九)[M]//(清)永瑢. 纪昀等. 影印文渊阁四库全书(第 1288 册). 台北：台湾商务印书馆股份有限公司，1987.

② 上海古籍出版社. 明代笔记小说大观[M]. 上海：上海古籍出版社，2005：3686.

③ 徐梓. 中华蒙学读物通论[M]. 北京：中华书局，2014：174.

《神童诗》全为五言绝句,对仗工整而音韵和谐,对儿童来说易读易诵,在古代流传较为广泛,但在当代的小学传统文化教育中采用极少,只在个别学校的古诗词诵读中选录过一两首。

2. 《千家诗》

《千家诗》的产生最早可以追溯到南宋诗人刘克庄所编选的《分门纂类唐宋时贤千家诗选》,又名《后村千家诗》。该书选录了包括南北朝、五代、唐、宋各朝代在内的诗歌千余首,以宋代的诗歌为主。所选诗作分为时令、节候、百花、天文、地理等14类,在当时流传广泛。在其基础上,宋末的谢枋得选七言绝句和七言律诗编成《增补重订千家诗》。明末清初的王相又编选注释了《新镌五言千家诗》,书中所选为五言绝句和五言律诗。后人将谢枋得与王相的这两本书合刊,这就是现在所看到的《千家诗》。从编选时间来看,《千家诗》主要选录的是唐宋时期的诗作。该书按七言绝句、七言律句、五言绝句、五言律诗分为四卷,题材涉及山水田园、思乡怀人、咏物题画、送别赠友等诸多内容,较为广阔地反映了唐宋时期的社会风貌。在明清时期,《千家诗》与《三字经》《百家姓》《千字文》合称为"三、百、千、千",是当时使用最广泛的四种蒙学教材。在明清小说中也多有提到《千家诗》,如明末凌濛初的《拍案惊奇》、清代曹雪芹的《红楼梦》、清末刘鹗的《老残游记》等,可见《千家诗》的传播之广。

从当代的小学传统文化教育来看,对《千家诗》的诗作选入较多,并主要集中在七言绝句和五言绝句中。七言绝句有朱熹的《春日》《观书有感》,王安石的《元日》《茅檐》,杜甫的《绝句》,杜牧的《清明》《江南春》《泊秦淮》,韩翃的《寒食》,叶绍翁的《游园不值》,韦应物的《滁州西涧》,赵师秀的《有约》,曾几的《三衢道中》,范成大的《田家》《村居即事》,刘禹锡的《乌衣巷》,王维的《送元二使安西》,林升的《题临安邸》,杨万里的《晓出净慈寺送林子方》,苏轼的《饮湖上初晴后雨》《冬景》,张继的《枫桥夜泊》。五言绝句有孟浩然的《春晓》,李白的《独坐敬亭山》《静夜思》,王之涣的《登鹳雀楼》,贾岛的《寻隐者不遇》。对于小学生来说,上述七言绝句与五言绝句名篇,不仅篇幅短小、意境优美、语言浅易,而且易学易诵、传播广泛,是儿童学习古诗的较佳之选。

3. 《唐诗三百首》

《唐诗三百首》的作者为清代乾隆年间的孙洙,编成于乾隆二十八年(1763年),署名为"蘅塘退士"。孙洙为江苏无锡人,乾隆十六年(1751年)进士。他在《唐诗三百首》序言中云:《千家诗》虽然易于成诵、流传不废,但失之于选诗随意而"工拙莫辨",而且诗体较为单一，唐宋诗人又"杂出其间""殊乖体制"，因此"专就唐诗中脍炙人口之作，择其尤要者，每体得数十首，共三百余首录成一编，为家塾课本，俾童而习之，白首亦莫能废"。孙洙认为所编的《唐诗三百首》远胜于《千家诗》，"谚云：熟读唐诗三百首，不会吟诗也会吟，请以是编验之"，言辞之中对《唐诗三百首》一书充满了自信。①

事实上《唐诗三百首》也确实风行一时，据光绪十一年(1885年)四藤吟社主人介绍，该书定本曾经风行海内，几乎达到了每家都有一本的程度。可以说，《唐诗三百首》是古代最著名的唐诗选本，在蒙学发展史上也是比较著名的读物。

《唐诗三百首》自编成以来有不同的版本，据上文所提的四藤吟社刊本所记，全书有五言古诗三十三首、七言古诗二十八首、五言律诗八十首、七言律诗五十首、五言绝句二十九首、七言绝句五十一首。其中在五言古诗、七言古诗、七言律诗、五言绝句、七言绝句后又各附以乐府诗一至十四首不等，共计选诗三百一十首。其中在当代小学古诗诵读中曾被选录的唐诗有孟郊的《游子吟》、李白的《送友人》《静夜思》《送孟浩然之广陵》《下江陵》(即《早发白帝城》)、杜甫的《江南逢李龟年》、白居易的《草》(即《赋得古原草送别》)《问刘十九》、王维的《鹿柴》《相思》《九月九日忆山东兄弟》《渭城曲》(即《送元二使安西》)、孟浩然的《宿建德江》《春晓》、王之涣的《登鹳雀楼》《出塞》、柳宗元的《江雪》、贾岛的《寻隐者不遇》、卢纶的《塞下曲》、贺知章的《回乡偶书》、王翰的《凉州曲》、韦应物的《滁州西涧》、张继的《枫桥夜泊》、韩翃的《寒食》、刘禹锡的《乌衣巷》、杜牧的《赤壁》《泊秦淮》《秋夕》、李商隐的《夜雨寄北》《嫦娥》、王昌龄的《出塞》。可见，当代小学对《唐诗三百首》诵读诗篇的采用仍以绝句为主，所选诗篇与《千家诗》有相同也有相异。

第二节　小学古诗词审美鉴赏

在中国学生发展核心素养的六大素养十八个要点中，审美情趣是"人文底蕴"素养的要点之一。在小学阶段，通过对古诗词进行审美鉴赏，有利于学生积累审美的知识、技能与方法，形成发现、感知、欣赏、评价美的意识和基本能力，促进其自身构建健康的审美价值取向，并推动其产生艺术表达和创意表现的意识和兴趣。可以说，古诗词审美鉴赏是小学生加强审美情趣、充实人文底蕴的有效途径之一。本节即从小学古诗词审美鉴赏的特点与鉴赏个案举例的角度，分析相关的审美鉴赏问题。

---

① (清)陈伯英. 唐诗三百首补注[M]. 四藤吟社重刊影印本，1885.

一、小学古诗词审美鉴赏特点

古诗词审美鉴赏涉及知人论世、言意之辨、味外之味、意境渲染、写景抒情、布局谋篇、炼字炼句、虚实衬托等诸多问题，是比较复杂的审美接受活动。但在小学古诗词审美鉴赏中，受小学生的年龄与认知水平所限，对鉴赏活动的要求相对简单。

由于小学古诗词审美鉴赏与语文教学的关系最密切，对鉴赏特点的把握可以借鉴小学语文课程标准。在《义务教育语文课程标准》(2011年版)(以下简称"新课标")中，有对语文课程总体目标与学段目标的设定，其中均有与小学古诗词审美鉴赏特点相关的内容，其具体内容如下。

总体目标：

要认识中华文化的丰厚博大，汲取民族文化智慧。

要能初步鉴赏文学作品，丰富自己的精神世界。

第一学段(1～2年级)目标。

诵读浅近的古诗，展开想象，获得初步的情感体验，感受语言的优美。

第二学段(3～4年级)目标：

诵读优秀诗文，注意在诵读过程中体验情感，展开想象，领悟诗文大意。

第三学段(5～6年级)目标：

诵读优秀诗文，注意通过语调、韵律、节奏等体味作品的内容和情感。

通过对上述小学语文课程标准进行分析，再结合古诗文审美鉴赏的特点，可以归纳出小学古诗词审美鉴赏的如下基本特点。

1. 以诵读为重要的审美鉴赏活动形式

通过语文新课标可见，诵读是小学古诗词教学的重要活动形式。那么，究竟什么是"诵读"呢？学术界至今对"诵读"并无明确的统一定义，并与吟诵、朗诵、朗读、吟咏、讽诵、背诵等诸多名词混淆在一起。现按照时间顺序对"诵读"概念的演变史加以梳理，以期求得一个较为明确的诠释。

最早对诵读进行明确界定的是《说文解字注》，段玉裁注(以下简称"段注")云："讽"，倍文，"倍"同"背"，谓不开读也；"诵"，非直背文，又以声节之；"读"与"籀"互训，"籀"与"抽"古通用，指抽绎其意蕴以至于无穷。[①]段注强调"诵"重在"以声节

---

① (汉)许慎撰，(清)段玉裁注. 说文解字注[M]. 上海：上海古籍出版社，1988：90.

之"，"读"重在"抽绎其义"。可见，"诵读"当是"诵"与"读"内涵的结合，既重外在之"声"，又重内在之"义"。

民国时期，黄仲苏将朗诵分为诵读、吟读、咏读、讲读四类，指出"诵"指"读之有音节者"，"读"指"审察其旨趣，体会其情感思想，揣度其神韵气味，依据文法，识别句读，分辨音节，而平铺直叙琅琅诵之，则腔调自见矣"。黄仲苏认为诵读适合于散文，而吟读适合于古诗，吟读的特点是"行腔使调，至为舒缓，其抑扬顿挫之间，极尽委婉旋绕之能事，实为朗诵法中之最迟慢者"。①黄仲苏对诵读的界定明显与《说文解字》的段注一脉相承，但有两大贡献：一是详细化，指出从"声"的角度应注重诵读内容的句读、音节，从"义"的角度对原文审察旨趣、体会情感、揣度神韵，从而比段注的阐释更细致；二是明确化，将诵读对象界定为散文，与古诗的吟读明确区别开来。

在此基础上，当代对诵读的概念有了进一步的研究。如陈少松认为，"吟"和"诵"这两个概念的相同点在于：都要用抑扬顿挫的声调有节奏地读；都要表现出一定的音乐美；都按一定的腔调进行，行腔使调时又都表现出一定的随意性。其不同点在于："吟"重音乐的节奏，旋律往往鲜明，声音拉得较长，但腔调比较复杂；"诵"重语言的节奏，旋律一般不太鲜明，声音相对较短，腔调比较简单。②以上对"诵"与"吟"的比较，明显体现了对黄仲苏"诵读"与"吟读"概念的发展与完善。一线教师也对诵读进行了概念的界定，如于艳认为：诵读是通过眼、口、耳、脑的共同活动，来感受、领悟语言独特的语音美、语言美和意境美。③该定义将"诵读"与心理学、美学相勾连，体现了一定的科学性。在语文新课标中，将诵读教学划入阅读教学之中，与朗读、默读、略读、浏览、背诵等其他概念并列。同时，将诵读对象界定为包括儿歌、儿童诗在内的优秀诗文，在诵读中强调学生对语言形式美的体味和对诗文大意的体悟，实际上也是从"声"与"义"两个角度界定"诵读"。

通过上述分析可见，诵读是阅读活动的一种，活动内容指向包括儿歌、儿童诗在内的优秀诗文。诵读者通过眼、耳、口、脑的共同活动，不仅要用抑扬顿挫的语调有节奏地读，而且在内心要对所读内容进行理性分析与情感体验，活动的最终目的指向对所读内容语言美与意蕴美的个性化审美体悟。④从小学生的认知水平来看，诵读是较容易掌握的活动，也

---

① 黄仲苏. 朗诵法[M]. 上海：开明书店，1936：126-128.

② 陈少松. 古诗词文吟诵研究[M]. 北京：社会科学文献出版社，1997：7-8.

③ 于艳. 三主式经典诵读教学法[M]. 济南：山东人民出版社，2015：41.

④ 石锋，华云松，王晔. 小学语文实践活动教程[M]. 北京：清华大学出版社，2019：68-69.

是小学古诗词审美鉴赏的重要活动形式。小学生在诵读古诗词的过程中，通过眼、耳、口、脑的共同活动，用抑扬顿挫的语调有节奏地读，同时对所读内容展开审美情感体验，并初步形成对所读古诗词语言美与意蕴美的个性化审美体悟。

2. 以想象为主要的审美鉴赏途径

在小学古诗词审美鉴赏活动中，诵读是展开鉴赏的重要活动形式，想象则是完成鉴赏的主要途径。

想象是指个体在客观事物的影响下，在言语的调节下，对人脑中已有的表象进行加工改造和重新组合，从而产生新表象的心理过程。形象性和新颖性是想象的显著特点。[1]对于儿童来说，由于其思维发展水平较低，还不能用抽象逻辑思维进行推理、思考，所以要借助于想象进行思考乃至创造，这是由其心理发展水平所决定的。同时，想象还具有随意性、跳跃性、非现实性的特点，不需要太多的知识和经验。更重要的是，儿童可以不加拘束地、灵活自如地运用想象，并能从中得到乐趣。[2]

从上述对想象的阐释可见，想象是人脑产生新表象的创造性心理活动，具有形象性与新颖性的显著特点。无论从想象的特点还是从儿童的认知水平来看，想象都是适合于儿童的心理活动，并为儿童所喜爱。因此，在上文罗列的小学语文新课标中反复强调想象的重要性，尤其在小学第一、二学段中明确提出学生要在古诗词诵读中展开想象。可以说，想象是小学生展开古诗词审美鉴赏活动的重要心理中介，也是体现其审美创造力的源泉。对于小学生来说，没有这一心理活动，古诗词的意境难以体会，其中的情感与意蕴体验更是难以触及，整个审美接受活动会缺乏灵动的色彩而味同嚼蜡。

3. 形成对古诗词意象与意境的初步审美体悟

形成对古诗词意象与意境的审美体悟是古诗词审美鉴赏活动必不可少的一个环节，小学的审美鉴赏也不例外。

所谓意象是一个中国古典哲学的概念，"意"指意义、意蕴，"象"指客观事物或人的外部形态。意象是载意之象，是诗情与物象的紧密结合。在一首古诗里，可以由多个意象构成一个统一的整体，这便是意境。意境是作者的主观情志与客观物境互相交融而形成的艺术境界。[3]形成意象与意境，是古诗的重要审美特征之一。在古代和近代对意境的阐释

---

① 王耘，叶忠根，林崇德. 小学生心理学[M]. 杭州：浙江教育出版社，1993：219-220

② 董奇. 儿童创造力发展心理[M]. 杭州：浙江教育出版社，1993：43-44.

③ 崔增亮. 小学古诗教学研究[M]. 北京：首都师范大学出版社，2007：169-170.

历史中，历来公认王国维的论述最为完善。他曾将词的审美境界分为有我之境与无我之境，并指出："有我之境，以我观物，故物皆著我之色彩"，如"泪眼问花花不语，乱红飞过秋千去""可堪孤馆闭春寒，杜鹃声里斜阳暮"即创造了有我之境。"无我之境，以物观物，故不知何者为我，何者为物"，如"采菊东篱下，悠然见南山""寒波澹澹起，白鸟悠悠下"即属于无我之境。[①]从意境的特点来看，有我之境中的"意"更外露，无我之境中的"意"更隐晦，但无论如何变化，"意"均在"境"中，主观之意与客观之境融合为一，共同构成了古诗词的审美境界。

在小学生的古诗词审美鉴赏活动中，无论是进行诵读活动还是展开审美想象，都离不开对古诗词意象与意境的体悟。由于学生年龄的局限，这种体悟以不自觉的直觉性体悟为主，并随着年龄的增长，其自觉性逐步增强。但总体来看，在小学阶段只要能形成对古诗意象与意境的初步直觉性审美体悟即可，过多地分析与思辨不仅会破坏古诗词的审美境界，也会使学生对其失去学习的兴趣。

4. 突显对古诗词语言美与意蕴美的把握

对于小学生来说，古诗词学习的最终目的无疑是要传承中华优秀的传统诗词文化，按照语文新课标总体目标的设定，是要促进其认识中华文化的丰厚博大，汲取民族文化智慧。但是对于古诗词审美鉴赏来说，达成的鉴赏目标是需要明确化、具体化的。在新课标的阶段教学目标中，从古诗教学的角度来看，第一学段的目标在于学生获得初步的情感体验，感受古诗语言的优美；第二学段的目标在于体验古诗情感，领悟古诗大意；第三学段的目标在于通过语调、韵律、节奏等体味古诗的内容和情感。综合来看，三个学段的阶段教学目标分别指向对古诗语言美与意蕴美的体悟。对语言美的体悟在第一学段只是初步、笼统的感知，在第三学段则明确提出了对古诗语调、韵律、节奏等语言形式美的把握。对古诗意蕴美的体悟贯穿于三个学段，包括体验古诗情感、领悟古诗大意、体味古诗内容与情感等，实质上就是对古诗意蕴的审美体悟。

综上所述，小学古诗词审美鉴赏是以诵读为主要活动形式、以想象为主要途径的审美接受活动。在鉴赏目的上，以形成对古诗词意象与意境的初步直觉性审美体悟为目标，并突显对古诗词语言美与意蕴美的把握，其最终目的是实现对中华传统诗词文化的理解与传承。

---

① 王国维. 王国维文学论著三种[M]. 北京：商务印书馆，2001：30.

二、小学古诗词审美鉴赏举隅

在中国古代诗歌发展史上，内容浅显而富于韵味、适合小学生展开审美鉴赏的作品很多，不仅体裁多样，而且内容颇为丰富。从体裁上看，可以包括诗、词、散曲。从诗体上看，包括古体诗和近体诗，古体诗如汉乐府，近体诗如律诗、绝句等。从内容上看，主要有状物抒情类，如骆宾王的《鹅》、贺知章的《咏柳》；表达真挚友情类，如李白的《赠汪伦》、王维的《九月九日忆山东兄弟》；描绘壮丽秀美河山类，如李白的《望庐山瀑布》、白居易的《暮江吟》；描绘儿童情趣类，如袁枚的《所见》、高鼎的《村居》；歌颂英雄人物、总结战争教训、渴望建功立业、抒发豪情壮志类，如王之涣的《凉州词》、卢纶的《塞下曲》；揭露统治者不劳而获、表现劳动者苦难生活类，如李绅的《悯农》、罗隐的《蜂》；主张抗击外侵、解除人民痛苦、渴望国家统一类，如陆游的《秋夜将晓出篱门迎凉有感》和《示儿》；揭露统治者醉生梦死和渴望改变社会现状类，如林升的《题临安邸》、龚自珍的《己亥杂诗》；表现社会和人生哲理类，如苏轼的《题西林壁》、王之涣的《登鹳雀楼》。[①]

下面所列举的古诗词审美鉴赏篇目，是从情、景、事、理的角度进行分类归纳的。古诗词以情为核心，情在诗词中或显或隐，与叙事、写景、说理有不同程度的融合，形成了写景状物、写景抒情、叙事抒情、情理交融、直抒胸臆等不同的表达方式。以下即从这些不同的表达方式入手，对小学古诗词审美鉴赏进行举例介绍。参考文献有《唐诗鉴赏辞典》[②]《宋诗鉴赏辞典》[③]《唐宋词鉴赏辞典》[④]《元明清诗歌鉴赏辞典》[⑤]《中国历代文学作品选》[⑥]《中国古代文学作品选》[⑦]等，由于内容繁多，不再一一列明出处。

1. 写景抒情类

写景抒情诗是古诗常用的艺术手法，所以这类古诗的数量较多。

---

① 崔增亮. 小学古诗教学研究[M]. 北京：首都师范大学出版社，2007：290-291.

② 萧涤非，程千帆，马茂元等. 唐诗鉴赏辞典[M]. 上海：上海辞书出版社，1983.

③ 缪钺，霍松林，周振甫等. 宋诗鉴赏辞典[M]. 上海：上海辞书出版社，1987.

④ 周汝昌，唐圭璋，宛敏灏等. 唐宋词鉴赏辞典[M]. 上海：上海辞书出版社，1988.

⑤ 周啸天. 元明清诗歌鉴赏辞典[M]. 北京：商务印书馆国际有限公司，2011.

⑥ 朱东润. 中国历代文学作品选[M]. 上海：上海古籍出版社，1979.

⑦ 郭兴良，周建忠. 中国古代文学作品选[M]. 北京：高等教育出版社，2009.

1)　《凉州词》(王之涣)

凉州词

黄河远上白云间，一片孤城万仞山。

羌笛何须怨杨柳，春风不度玉门关。

[注释]

黄河远上：一作"黄沙直上"。

仞：长度单位。古代以八尺或七尺为一仞。"万仞"泛指山之高。

羌笛：古代羌族的一种乐器。

怨杨柳：怨：曲调哀怨。杨柳：汉代《横吹曲》中《折杨柳》的简称，多述离愁别绪。

玉门关：在今甘肃省敦煌市西部。

[鉴赏]

此诗为盛唐边塞诗人王之涣的代表作，也是盛唐边塞诗中的名篇。诗中前两句写景，后两句抒情，景是情的铺垫，情是景的生发，情与景相融相生，体现了情景交融的艺术美感。通篇的诗眼在一"怨"字，但由于诗人写景气势雄壮苍凉，"何须"二字又蕴含豪放之气，故全诗在意境上并无哀怨缠绵之情，却多悲壮慷慨之韵。这种悲壮的神韵与盛唐昂扬向上的时代氛围是密不可分的。

在写景抒情类古诗中，这种前两句写景后两句抒情的诗作很多，也多有适合小学生审美鉴赏的名作。如汉乐府《长歌行》，唐代王昌龄的《芙蓉楼送辛渐》《从军行》，宋代陆游的《秋夜将晓出篱门迎凉有感》等。

2)　《鸟鸣涧》(王维)

鸟鸣涧

人闲桂花落，夜静春山空。

月出惊山鸟，时鸣春涧中。

[注释]

闲：安静，寂静。一作"间"。

桂花：又称木犀，有春花、秋花、四季花等不同的种类。也有人认为在古代神话中记载月中有桂，所以往往以桂作为月的代称，如将月魄称为桂魄。又由于古代"花"与"华"字同，故桂花指月华。

涧：夹在两山之间的水沟。

[鉴赏]

《鸟鸣涧》是盛唐诗人王维的代表作之一，也典型地体现了盛唐山水田园诗派的静逸明秀之美，大唐的盛世繁华与王维心境的恬淡是这首诗得以产生的两大主因。全诗写夜景，突出的是一个"静"字。从版本和注释的角度来看，虽然对首句的"人闲桂花落"有不同的诠释，但对静谧氛围的渲染是一致的。诗中还有一个非常灵动的意象——鸟，诗人用"惊""鸣"两个字写出了鸟的动态神韵，使用了以动衬静的手法，其最终的目的仍是指向对"静"的勾勒。整首诗情景交融，情是闲静之情，景是寂静之景，闲静之情寓于寂静之景中。

在适合小学生学习的古诗中，以景写情的诗作很多，如汉乐府的《江南》、北朝乐府民歌《敕勒歌》、唐代王昌龄的《采莲曲》、宋代雷震的《村晚》、宋代杨万里的《小池》等。对于这类古诗的鉴赏，关键在于由景入情，通过景物意象的特点体会诗人隐含的感情。

3)　《滁州西涧》(韦应物)

滁州西涧

独怜幽草涧边生，上有黄鹂深树鸣。

春潮带雨晚来急，野渡无人舟自横。

[注释]

滁州西涧：滁州治所在今天的安徽省滁县。西涧在滁州的城西。

怜：爱。独怜有偏爱之意。

幽：深。幽草当指长在僻静地方的野草。"幽"一作"芳"。

深树：枝叶茂密的树木。一作"深处"。

野渡：郊外的渡口。

[鉴赏]

《滁州西涧》是中唐前期活跃于诗坛的诗人韦应物的代表作之一，也是山水诗中的名篇。韦应物与王维一样，也以山水田园诗著称，但与王维的《鸟鸣涧》相比，此诗中的意境已难见盛唐从容的气象。诗中刻画了草、涧、黄鹂、春潮、雨、野渡、横舟等诸多意象，形成了荒郊野渡幽静深邃的意境，从中也可隐约体会到中唐国势的衰落。全诗以写景为主，唯一明确抒发诗人情感的是"独怜"二字，但诗人的情绪却并未过多地停留在对野草的偏爱上。通过对春潮急雨中荒郊渡口的景物描绘，在"独怜"二字之外，还可以体味到诗人落寞、孤独、忧伤等诸多复杂的情绪。

如果将《鸟鸣涧》的首句确定为"人闲桂花落"的话，则可以将其与《滁州西涧》加以比较鉴赏。两者的共性在于通篇都是以写景为主，但对人物的心境均用简单的一个字加以概括，前者体现在"怜"字上，后者体现在"闲"字上。所不同的是，《鸟鸣涧》的"闲"字与全诗静谧的意境是完全一致的，而《滁州西涧》的"怜"字却不能完全反映出诗人复杂的心境。对于小学生来说，《滁州西涧》的鉴赏难度明显要高于《鸟鸣涧》。

2. 叙事抒情类

1) 《墨梅》(王冕)

墨梅

我家洗砚池头树，朵朵花开淡墨痕。

不要人夸颜色好，只留清气满乾坤。

[注释]

墨梅：用墨画的梅花。

池头树：水池边的梅树。头：表示方位，可译为"边"。

朵朵：一作"个个"。

清气：清香纯洁之气。

乾坤：天地。

[鉴赏]

这是元末诗人王冕的一首题画诗，也是咏物诗中的经典之作。元代本是诗歌创作的低谷时期，但也不乏诗坛名家，王冕即是其中之一。王冕爱梅，崇尚梅花坚贞纯净之气。他有一幅《墨梅图》，在图的左上角即亲笔题写了这首诗。开篇两句叙事，介绍由于在家中水池中清洗砚台，使水池边的梅树开出一朵朵染上淡墨痕迹的花朵。后两句在叙事的基础上抒情，表达了坚守高洁、以清气自持的精神，体现了冰清玉洁的梅魂与诗魂。

对于小学生来说，这类叙事抒情诗较容易掌握，也容易展开审美鉴赏。此类经典名篇以唐代而论就有李白的《赠汪伦》、王翰的《凉州词》、李绅的《悯农》等。

2) 《六月二十七日望湖楼醉书》(其一)(苏轼)

六月二十七日望湖楼醉书(其一)

黑云翻墨未遮山，白雨跳珠乱入船。

卷地风来忽吹散，望湖楼下水如天。

[注释]

望湖楼：又名看经楼，是五代时期吴越国所建，地点在杭州西湖边的昭庆寺前。

翻墨：黑云如同倒翻了的墨汁。

跳珠：雨点如同跳动的珍珠。

水如天：湖面像天空一样明澈平静。

[鉴赏]

这是苏轼在宋神宗熙宁五年(1072年)所作的五首绝句之一，也是其诗作中的经典名篇。全诗简洁凝练地叙述了整个下雨的过程，从雨前的"黑云翻墨未遮山"，到雨中的"白雨跳珠乱入船"，再到由雨到晴的过渡"卷地风来忽吹散"，直至雨后的"望湖楼下水如天"，写出了雨前天阴、骤雨急来、狂风大作到雨过天晴的全过程。诗人将叙事与描写密切结合，勾勒出了一幅杭州西湖望湖楼下的雨景图，对大自然阴晴变化的沉醉之情跃然纸上。

此类古诗重在叙事，诗人情感隐含在叙事之中。与《墨梅》《赠汪伦》等直接在叙事的基础上点明情感的诗作相比，此类古诗的鉴赏难度要大得多，鉴赏的关键在于把握诗中所叙之事的内涵。但此类古诗也多有适合小学生审美鉴赏的名篇，如唐代贺知章的《回乡偶书》、贾岛的《寻隐者不遇》、李白的《早发白帝城》，宋代范成大的《四时田园杂兴》(其三十一)、杨万里的《稚子弄冰》等。

3) 《黄鹤楼送孟浩然之广陵》(李白)

黄鹤楼送孟浩然之广陵

故人西辞黄鹤楼，烟花三月下扬州。

孤帆远影碧空尽，惟见长江天际流。

[注释]

黄鹤楼：在武昌西部黄鹤山西北的黄鹤矶上，据传有仙人曾驾鹤过此，故而得名。

烟花：繁华盛开的春日美景。

下：乘船顺流而下。

惟：只。一作"唯"。

[鉴赏]

此诗是李白诗中的名篇，也是送别诗中的经典之作。诗人先叙事，写与孟浩然在繁花似锦的三月分别于黄鹤楼，孟浩然要乘船顺流而下，直奔当时繁华的东南地区大都会扬州而去。后两句写景，以孤帆、碧空、长江、天际等意象烘托出诗人的依依惜别之情。此诗在表达方式上与《墨梅》《六月二十七日望湖楼醉书》皆不同，诗人先叙事再写景，情感则蕴含在叙事、写景之中，为鉴赏者留下了想象、玩味的空间。对于小学生而言，此类古诗的鉴赏难度更大，鉴赏的关键在于对叙事内涵与景物意象特征的把握。

3. 其他类型

1) 《赠刘景文》(苏轼)

赠刘景文

荷尽已无擎雨盖，菊残犹有傲霜枝。

一年好景君须记，最是橙黄橘绿时。

[注释]

擎：举，向上托住。"擎雨盖"在此指荷叶。

[鉴赏]

这是苏轼在元祐五年(1090 年)知杭州时所作的绝句，从诗题来看是送给当时在杭州任两浙兵马都监的刘景文的。诗中前两句写景，从荷叶与菊枝的角度，写出了荷花与菊花的凋残、夏季与秋季的逝去。后两句言理，指出橙黄橘绿的冬季才是需要铭记的一年中最美好的时光。诗人以绚丽的色彩描画肃杀的冬季，体现了新颖独到的审美视角和豁达开朗的心胸情怀。

此诗先写景而后言理，诗人情志蕴含在景、理之中，体现了咏物、言理、抒情的有机融合。比较适合小学生审美鉴赏的同类诗作还有王之涣的《登鹳雀楼》、苏轼的《题西林壁》等。

2) 《夏日绝句》(李清照)

夏日绝句

生当作人杰，死亦为鬼雄。

至今思项羽，不肯过江东。

[注释]

人杰：人中的豪杰。

江东：长江下游以南地区。

[鉴赏]

此诗是李清照诗作中的名篇，以爱国的热忱、刚健的风骨而流芳千古。靖康之难导致北宋的终结，宋徽宗与宋钦宗双双被金兵所擒，宋高宗仓皇逃至临安(今浙江杭州)并定都。李清照作为女性写下了这首绝句，在对项羽垓下之围、乌江自刎的历史追忆中，表达了对苟安的南宋王朝的抨击与失望。全诗通篇议论，在议论中蕴含了深厚的家国之情。此类诗作的名篇还有近代龚自珍的《己亥杂诗》等。对小学生而言，只要明了写作背景与相关典故，理解此类诗作的内涵与情感还是比较容易的。

3) 《西江月·夜行黄沙道中》(辛弃疾)

西江月·夜行黄沙道中

明月别枝惊鹊，清风半夜鸣蝉。稻花香里说丰年，听取蛙声一片。

七八个星天外，两三点雨山前，旧时茅店社林边，路转溪桥忽见。

[注释]

黄沙：即黄沙岭，在江西上饶西南。

别枝：另一枝，斜枝。

听取：听到。

天外：天边。

社林：土地庙附近的树林。

旧时两句：走过溪桥，再拐个弯，忽然发现土地庙附近的树林处那以前熟悉的茅店。

[鉴赏]

这是南宋著名词人辛弃疾的经典词作，以清新飘逸的词风写出了丰收在望的喜悦之情。全词描绘了夏夜中的明月、别枝、惊鹊、清风、鸣蝉、蛙声、天边星、小雨、茅店、溪桥等诸多意象，形成了幽美而又充满生机的整体意境。词中"稻花香里说丰年"一句，既点明了主旨，又流露出词人喜悦的心情，是全词的词眼之所在。词尾的"旧时茅店社林边，路转溪桥忽见"以叙事的笔法，写词人看到熟悉的茅店时的愉快心情。在表达方式上，采用写景、抒情、叙事相融合的手法。对于小学生来说，这种多样手法的融合较为复杂，但只要抓住词眼，词人的心情与词作的内涵仍是不难掌握的。

对于古诗词来说，写景、说理、抒情、叙事等不同表现手法的运用会产生不同的艺术风貌，本节的举例也仅是体现了其中几个不同的角度而已。在小学阶段的古诗词鉴赏中，还可以从作者情感、作品内涵、诗词意境、体裁特点、题材类型等不同角度展开鉴赏。但无论选取何种角度，最终的目的是培养学生的审美鉴赏能力，以促进其审美情趣的提升与人文底蕴的积累，从而实现对传统诗歌文化的认知与传承。

第三节　小学古诗词教学案例与分析

一、教学案例

《送别诗三首》

沈阳市实验学校(小学部)　张梓明

送别诗.mp4

教学内容

一切景语皆情语——古代送别诗群文阅读。

学习材料

《送元二使安西》　[唐]王维

渭城朝雨浥轻尘，客舍青青柳色新。劝君更尽一杯酒，西出阳关无故人。

《送沈子归江东》　[唐]王维

杨柳渡头行客稀，罟师荡桨向临圻。惟有相思似春色，江南江北送君归。

《芙蓉楼送辛渐》　[唐]王昌龄

寒雨连江夜入吴，平明送客楚山孤。洛阳亲友如相问，一片冰心在玉壶。

教学对象

小学高年级。

课程类型

信息技术与教学融合创新课。

教学目标

(1) 通过教学一体机、平板电脑等硬件设施，快速地找到并厘清送别诗中景物与诗意的规律，进一步体会古诗意境、诗人情感。

(2) 翻译诗句，从语言上体会诗情诗意的同时，借助平板电脑进行拼图操作，小组互动交流。

(3) 借助移动电子终端提升学生的思维力(结合时代背景感受古代生活场景)、想象力(结合古诗词句的描写想象临别时的画面)、创造力(将头脑中的想象通过拼图绘画的方式进行表达)。提升学生对传统文化的兴趣，将学习传统文化与现代科技有效融合。

教学重点

读熟、读通、读懂古诗内容。

教学难点

感受送别时的场景，体会送别时的情感。

教学准备

希沃白板、平板电脑、动画素材库。

教学课时

一课时。

教学流程

一、导入·初体验

1. 听古曲

(播放音乐《阳关三叠》并询问学生的感受，引导学生进入古诗描写的情境中，从而引入主题，感受送别之际人们的千思万绪。)

师：刚刚播放的是一首唐朝著名的"流行歌曲"《阳关三叠》，听完这段音乐之后，你有什么感受？

生：感觉到凄凉。

2. 解诗题

师：这首曲子的歌词改编自一首诗，名为《送元二使安西》。从题目我们就可以知道，这是一首送别诗。今天我们要共同学习三篇送别诗，你将会发现送别诗中的一些有趣的规律，下面让我们来逐一破译。

(借势分析三首古诗题目。破译题目中给予我们的信息，增加对古诗内容的了解。)

师：同学们，我们先来看诗的题目，从诗的题目中你能得到哪些信息？

(进入古诗题目中，体会创作缘由。)

3. 明诗意

师：破译了题目的信息之后，下面进入内容中。先来读一读这三首诗，现在虽然大家已经读得很流利了，但不知是否了解其含义，下面请结合注解翻译古诗。

(结合乐曲，第一遍读诗，初步了解古诗大意)。

【设计意图】

通过智慧教室多媒体设备播放音乐，让学生从声音中初步体会诗的意境。

通过教学一体机播放课件，使用希沃白板的"遮盖功能"逐句翻译古诗，让学生从内容上初步体会诗的意境。

二、换位·谈感受

1. 想场景

想象当时的场景，结合当时的背景，设身处地去思考，站在诗人的角度去看待问题。

谈一谈自己如果就是诗的作者，当时会有什么感受。

师：刚刚结合注释将诗句翻译过来，算是把诗"读通"了，但还不能说是"读懂"了。想要理解诗人所要表达的情感，首先我们要有自己的感受，看看你的感受能不能和诗人的表达契合。这需要我们设身处地去思考，需要站在诗人的角度去看待问题。

2. 谈感受

下面同学们就把自己当作一名诗人，就三首诗当时的场景分别来谈一谈自己的感受。

- 《送元二使安西》的感受——清新　哪句话最能表达清新的感觉——读

生：渭城朝雨浥轻尘，客舍青青柳色新。

- 《送沈子归江东》的感受——孤独　哪句话最能表达孤独的感觉——读

生：杨柳渡头行客稀，罟师荡桨向临圻。

- 《芙蓉楼送辛渐》的感受——凄凉　哪句话最能表达凄凉的感觉——读

生：寒雨连江夜入吴，平明送客楚山孤。

(结合时代背景，第二遍读诗，感受诗文。)

【设计意图】

通过分析古诗创作的时代背景以及送别的缘由，进一步引导学生体会古诗的内涵。

三、创造·增体悟

学生发现送别诗中景物的规律后，将头脑中想象的情境用图画的方式表达出来。教师通过平板电脑，借助"优课互联课堂"软件将素材分发给学生。学生使用老师提供的素材图片，在希沃白板软件中创作图画(含动画)，要求将诗中出现的景物充分表达，也可以合理杜撰。画面构图要符合实际，要有美感。学生借此体会诗作的景中之情。

师：对三首古诗的分析，让我们形成了自己的感受，离诗人的内心更近了一步。同学们的表达，让我们每个人的头脑中都生成了一幅送别时的画面。那么在你的心中，这是一幅什么样的画面？(先说一说)将想象的画面表达出来可不是一件容易的事。老师给大家帮忙，我给同学们准备了平板电脑，特地为大家建立了一个素材库，同学们只要选择你认为最恰当、最生动的素材进行拼图，就可以将想象的画面通过图画表达出来。下面请同学们来试一试。(再试一试)大家创作好图画之后，通过软件"投屏"功能传输到老师的教学一体机、全班同学的平板电脑上，向老师和同学展示自己的作品。

展示作品，每展示一幅作品之后，同学们齐读古诗。

(结合图画，第三遍读诗，感悟诗句。)

【设计意图】

通过图画的创作，将头脑中的画面由想象转化为表象，更加直观，从而更深一层次地体会、感悟诗文。

四、分析·寻规律

(1) 找出诗中的景物,理解古诗。

师:换了一种视角,用图像去理解古诗,果然大不一样。之前我们更多的是结合想象,结合当时的时代背景得到的感受。用图像来感受的时候,我们更多地关注到诗中的景物,通过景物来刻画诗文内容。那我们不妨来梳理一下诗中都出现了哪些景物?

学生在诗中发现了柳、雨、船、渡头、客舍、山、酒等景物。

(2) 寻找景物与情感之间的联系,感受情中景。

师:我们将诗中的景物都提炼出来填写在表格中,你会发现一些规律,有雨、有柳、有特定的地点、有出行的方式。这些景物在离别的场景中重复地出现,似乎在宣泄着什么。宣泄着什么呢?

学生讨论交流。

师:结合着图像和诗句,虽然每首诗给我们的感受有所不同,但朋友要离开、要远行,不管他是孤独地走还是把酒欢送,都会有一种相同的情感在,那就是——不舍。结合着这种情感,我们再来读一读这三首诗。

(结合表格,找规律,第四次读诗。)

师:送别诗中的情感是靠景物支撑的,也就是“寄情于景”。大家回忆一下学习过的送别诗,验证是否符合这一结论。现在哪位同学可以进一步验证一下我们的结论,你还知道哪首送别诗?看一看是否符合我们发现的这个规律。

生:《黄鹤楼送孟浩然之广陵》——符合规律。

(进一步验证规律。)

【设计意图】

通过教学一体机播放课件,使用希沃白板标记功能找出送别诗中的景物,通过电子表格(说见图 5.1)厘清送别诗中的景物并寻找出规律。

五、总结·促兴趣

师:诗的题目,往往可以给我们带来很多信息,可以想象作者在拟题时的字斟句酌。诗的内容,相同类型的诗中会有很多相似之处,今天我们所学的是送别诗,我们发现了送别诗中景物的规律。试想,边塞诗、爱国诗、田园诗中是否也蕴藏着一些规律呢?等待着大家在今后的学习中破译。

【设计意图】

通过总结性的语言让学生将头脑中的思绪、创作图画的作品与诗句中的景物、诗人临别时的情感融为一体。同时引导学生思考其他类型古诗中是否也存在着规律,给学生留下悬念,激发学生对古诗、对中华优秀传统文化的兴趣。

板书设计

我同样选择运用教学一体机进行板书操作，并使用希沃白板软件。表格式的板书直观、系统地让送别诗中的规律显现出来，并通过"遮盖""擦除""拖拽""笔记"等功能实现板书的书写、展示。尤其"两屏交互"的设计让学生感受到"信息融合课"的操作魅力。

图5.1　《古代送别诗群文阅读》希沃白板电子板书设计

教学反思

(1) 学生通过操作平板电脑，使头脑中对古诗情境的想象更具化，从而提升了学习效率。

(2) 教学一体机的互联操作增加了科技感，让学生对信息融合课更感兴趣。

(3) 在课前准备方面应更加充分，如由于学生们使用软件不熟练，在一定程度上影响了教学效果；在学生汇报的环节中应设置使用投屏，这样观看效果会更好；资源库的图片素材如果能更加丰富，会更有助于孩子对古诗的体悟。总之，在古诗教学中融合信息技术，课前充分的准备非常关键。

案例二：《村居》沙盘游戏

沈阳大学师范学院　华云松　谭艳秋

古诗沙游.mp4

教学对象

沈阳市实验学校(小学部)四年级的五名同学。

课程类型

语文实践活动课。

教学目标

(1) 了解创建团体沙盘的活动规则，能够按照《村居》的内容协作创建团体沙盘。

(2) 能够通过沙盘游戏对《村居》的内涵与诗人的情感展开审美鉴赏。

教学重点

通过沙盘游戏增强对《村居》的审美体悟。

教学难点

在沙盘游戏中对《村居》的内涵与诗人的情感展开合理想象。

教学准备

沙游室、沙盘、沙件。

教学课时

一课时。

教学实录

一、复习导入，介绍规则

师：在上课之前，同学们一起回忆一下，还记得古诗《村居》的内容吗？有没有忘记？

生：还记得！村居，清，高鼎。草长莺飞二月天，拂堤杨柳醉春烟。儿童散学归来早，忙趁东风放纸鸢。

师：通过同学们的回答，老师知道你们都没有忘记。大家再回忆一下，在这首古诗中有哪些景物呢？

生1：小草、小鸟。

生2：柳树、河堤、儿童。

生3：还有风筝。

师：你们觉得这首诗写了什么内容？体现了诗人什么样的感情呢？

生4：写了春天的乡村生活。

生5：体现了诗人对乡村生活的喜爱之情。

师：咱们这次的语文实践活动就是围绕着古诗《村居》展开的，我们五位同学要一起创建一个《村居》的团体沙盘。在创建古诗个人沙盘时，老师曾经向大家介绍过，沙盘游戏本来是用于心理咨询工作的。在心理咨询过程中，来访者可以在沙盘中利用沙件自由地创建沙世界。现在五位同学要一起合作，创建一个古诗《村居》的沙世界，大家可以根据诗中的内容展开想象，还原清代诗人高鼎笔下的村居图！注意，大家创建的沙世界要呈现的是《村居》这首诗的内容哟！

师：接下来老师给同学们讲一下创建团体沙盘的要求。在创建开始之前，我们会通过抽签的方式排列出同学们摆放沙件的顺序。创建过程中，每位同学按照抽签的顺序依次摆放沙件，注意每人每次只能拿取一个沙件，也可以放弃拿取沙件的机会，改为移动一次他人沙件的摆放位置。实践过程中不能进行言语交流，只通过自己的理解拿取沙件进行摆放。在30分钟以内，经过若干轮的沙件摆放后，最后一轮的第五位同学有一次微调整个沙盘的机会。如果没有问题了，我们就开始抽签吧。

教师组织学生进行抽签，五名同学自行抽取带有数字的纸条，根据所抽取的数字决定摆放沙件的顺序，并在教师的组织下有序排队。

二、团队协作，创建沙世界

师：我们已经决定了摆放沙件的顺序，现在正式进入我们的《村居》团体沙盘创建活动中来！同学们在活动过程中如果一时忘记了古诗，可以看放在旁边的古诗卡，整理好自己的思路。注意不要交谈，不能影响其他同学对于沙件的选择。

学生根据古诗《村居》依次摆放自己选择的沙件，也有学生在某一轮中放弃了选择沙件。教师在旁边记录每一轮每一位同学的摆放情况。

师：同学们，我们现在已经进行了五轮的沙世界创造，是否还需要继续？

生：不太满意，继续进行。

师：可以，但大家要注意时间。

学生继续创建《村居》沙世界。

师：我们经过了七轮的沙盘创建，快到时间了，大家觉得第八轮之后可以结束了吗？

生：可以。

师：好！第八轮的最后一名同学别忘了可以对沙世界进行微调。

学生经过八轮的沙件摆放，完成了对古诗《村居》的沙世界创建。

三、口语表达，描述沙世界

师：同学们已经一起完成了你们的沙世界的创设，现在老师想问一问，你们在每一轮摆放沙件时是怎么想的呢？能和大家分享一下吗？

学生开始分享每一轮沙件摆放的心得。

第一轮学生依次摆放的沙件为：①鳄鱼；②苹果；③鸟；④穿粉衣服的小孩；⑤穿黄衣服的小孩。

生1：我没注意老师的要求，所以选错了沙具，拿了一条鳄鱼。

生2：有点儿没太懂要求，就拿了一个苹果。

生3：草长莺飞，诗里面有鸟，所以我用一只鸟来代替。

生4：儿童散学归来早，有儿童，所以我放了一个小孩。

生5：我跟上一位同学想的一样，我也放了一个小孩。

第二轮学生依次摆放的沙件为：①小蚂蚁；②骑马的小孩；③松树；④小房子；⑤塔。

生1：我还是没注意老师的要求。

生2：小孩骑马主要是体现村子里的人多。

生3：乡村生活一定会有树，所以我拿了一棵松树。

生4：我拿了一个小房子，因为村子里一定会有房屋。

生5：村子里除了房屋之外，还会有景观，我用了一个塔表示。

师：注意"塔"的量词是"座"，一座塔。通过前两轮的沙件摆放，乡村的轮廓出现了。

第三轮学生依次摆放的沙件为：①拿枪小人；②黄色千纸鹤；③小桥；④金鱼风筝；⑤黄色千纸鹤。

生1：老师提醒我注意古诗内容后，我有点没反应过来。

生2：古诗中有一句，草长莺飞二月天，我用黄色的千纸鹤代替黄莺。

生3：我想象中的村子，还有小桥。

生4：我选择了一个风筝，作为儿童放学回来放的风筝。

生5：我也是拿了一个千纸鹤作为黄莺，村子里的黄莺肯定有好多只。

师：将千纸鹤代替黄莺，还想到了在村子里会有很多只黄莺。小桥和风筝让《村居》的画面更丰满了，也能扣住诗作内容展开合理想象。非常好！

第四轮一、二、四、五位同学依次摆放的沙件为：①小鸡；②小亭子；③小房子；④松树。第三位同学放弃选择沙件，挪动了鳄鱼沙件的位置。

生1：村庄里会有小鸡，所以我拿了一个小鸡放在这里。

师：注意形容小鸡的量词应该是"只"。

生2：村庄里的建筑物很多，我放了一个小亭子。

生3：我将第一位同学的鳄鱼挪到了松树的后面，我认为更合理一点儿。

生4：村子里会有很多房子，我把这个小房子放在这里当作一个超市，孩子放的风筝就是在这里买的。

生5：我放了一棵松树在这里，使画面更加生机盎然。

师：《村居》的画面更丰富了。清代没有超市吧？这个设计放到现代社会就合适了。

学生依次对五、六、七、八轮沙件的摆放阐述了理由，摆放的沙件有小兔子、人像、蟋蟀、小房子、松鼠、小船等。

师：通过同学们的描述可见，大家都发挥了自己的想象力，创造了一个你们想象中的古诗《村居》的沙世界。通过这个沙世界，确实能让老师看到美好的乡村生活，也能体会到诗人对这种生活的喜爱之情。

四、总结深化，拓展延伸

师：在今天的古诗团体沙盘游戏实践活动中，同学们都表现了非常丰富的想象力，绝大多数沙件的摆放也是比较合理的。现在老师想知道，在动手创设了今天的《村居》沙世界之后，你们对于《村居》的理解有什么变化？或是有没有让你对《村居》这首诗的印象更加深刻了？

生1：对于《村居》的印象更加深刻、更加直观了。

生2：我对"儿童散学归来早，忙趁东风放纸鸢"记得更加深刻了。想起今天沙盘的画面就可以想起《村居》这首诗。

生3：之前学习这首古诗有点难以体会是什么样的情境，现在可以更加直观地看到并去理解。

生4：我对于"忙趁东风放纸鸢"印象更加深刻了，在这里面我们插了一个风筝，我也对纸鸢就是风筝这个概念记得更加深刻。

生5：整首诗的景色都通过沙盘展示了出来，记忆得更加清楚了。

师：现在你们觉得这首诗写了什么内容？体现了诗人什么样的感情呢？

生1：写了春天的乡村生活。

生5：体现了对乡村生活的喜爱之情。

师：是的，《村居》这首诗描写了春天的乡村生活，体现了诗人对这种生活的赞美和喜爱。很高兴同学们今天能有这么大的收获，大家在以后的学习中也可以利用沙盘游戏的方法学习古诗词。如果没有沙盘的话，可以选择合适的地方摆放有关的小玩具，还可以将学到的古诗词内容画出来。今天我们的实践活动很成功，谢谢同学们的配合！

二、教学分析

1. 案例一特点

案例一在课程类型上属于信息技术与教学融合创新课，实质上体现了信息技术在小学古诗群文阅读教学中的应用。整体来看，该教学案例具有如下特点。

一是与小学语文新课标的古诗教学目标深度契合。新课标在阶段教学目标部分，反复强调学生要通过诵读、想象等活动，体验与领悟古诗的内在情感与意蕴。简言之，新课标在古诗教学中强调诵读教学与对学生想象力的培养。在案例一中，这两点均有充分的体现。教师在解诗题、谈感受、悟诗情、寻规律四个主要的教学环节中均设计了诵读活动，循序渐进地培养学生的古诗诵读能力。同时，向学生提供动画素材库，引导其运用希沃白板软件创作体现古诗情境的图画，从而巧妙地在图画创作中培养了学生的想象力。无论是循序渐进的诵读活动，还是巧妙的古诗图画创作，均体现了对学生诵读能力与想象能力的培养，与新课标的古诗教学阶段目标深度契合。

二是古诗群文阅读的议题体现了开放性和可建构性。该案例属于古诗群文阅读教学，选取了三首唐代的送别诗作为阅读文本，这三首诗分别为：王维的《送元二使安西》《送沈子归江东》和王昌龄的《芙蓉楼送辛渐》。这三首送别诗共同的特点是先写景再写情，情景相生而浑然一体。在此基础上，教师设计的议题为：寻找送别诗中景物的规律，体会送别诗的内在情感。需要注意的是，教师并未让议题止步于此，而是进一步扩大议题的范围，将古诗题材由送别诗扩大到边塞诗、田园诗、爱国诗，引导学生进一步思考不同题材古诗中蕴含的创作规律，从而体现了议题的开放性与可建构性特点。虽然其他题材古诗的创作规律在课堂上只是点到为止，并未进一步展开教学，但引发了学生的思考，并为后续的古诗群文阅读埋下了伏笔。

三是在古诗教学中对信息技术进行了大胆的尝试，提供了可资借鉴的经验与教训。在案例一中，教师使用了平板电脑、动画素材库、希沃白板软件、教学一体机等教学设备，使信息技术自然地融入古诗教学之中，在理解诗意、想象诗境、总结规律等方面发挥了重要作用。尤其具有借鉴意义的是，教师对课前、课中信息技术的准备与使用问题进行了深刻的反思，如课前应培训学生熟练操作相关软件，教师提供的图片素材库应更加丰富，课上学生汇报环节应使用投屏等。可见，信息技术的使用在古诗教学中的运用并非易事，教师在课前需要周密地布置，课上需要灵活地应对，这方面案例一提供了值得借鉴的经验与教训。

2. 案例二特点

案例二是 2019 年沈阳大学国家级大学生创新训练项目《沙游技术在小学古诗词教学中的应用研究》阶段成果。文中的教师是项目团队的成员，他们在制作古诗沙盘方面已受到心理专业教师的指导(见图 5.2)。学生是已经学习过古诗《村居》的五位四年级小学生，他们在项目团队成员的指导下制作《村居》沙盘(见图 5.3)。在整个教学过程中，都有项目指导教师在宏观调控。通过教学实录来看，整个教学具有如下特点。

首先，体现了鲜明的寓教于乐特色。沙游是沙盘游戏的简称，是指在心理咨询过程中，来访者在沙游师的陪伴下，用装有沙子的沙盘、各种类型的沙件等工具自由创建沙世界的活动，以实现心理治疗或精神境界提升的目的。可见，这一心理咨询技术具有明显的游戏性特征。对于小学生来说，游戏的吸引力是较大的。在教学案例中，《村居》团体沙盘一共进行了八轮，可见这一游戏活动对学生的吸引力之强。从案例结尾学生的反馈来看，直观的沙盘情境使他们对古诗《村居》的内容体会得更深刻了，也自然领悟到诗作的内容与诗人的情感，可见该教学在一定程度上实现了寓教于乐。

其次，从学科整合的角度体现了创新性。沙游技术在 20 世纪 90 年代由西方传入我国，随着教育部《中小学心理健康教育指导纲要》等文件的发布，已经在中小学心理健康教育中逐步得以推广。沙游技术与小学古诗词教学虽然分属于心理学和教育学两个不同的领域，但无论是沙世界还是古诗词，均具有情境呈现的特点，这种内在相通性使沙游技术融入古诗词教学中成为可能。从学科整合的角度来看，这一教学设计理念具有明显的创新色彩，有利于为小学古诗词教学探索出一条新路。从学生对教学的反馈来看，这一创新对提高学生的古诗词学习能力还是有一定作用的。

图 5.2　心理专业邹茹莲老师指导项目团队成员制作古诗沙盘

图 5.3　项目团队成员组织小学生制作古诗沙盘

最后，以审美鉴赏能力培养为核心，服务于学生语文素养的提升。整个教学过程包括了解规则、创建沙世界、描述沙世界、总结拓展四个环节，从教学目标的设计来看，最主要的目的是培养学生对古诗《村居》的审美鉴赏能力。在教学过程中，沙世界的创建与描述环节是学生展现其审美鉴赏能力的主要环节，在沙件的选择、摆放、调整与介绍中，学生对古诗《村居》的审美体悟已经比较直观地体现出来了。通过学生的介绍可见，房子、树木、风筝、人物、小桥、小鸡、代表黄莺的千纸鹤等沙件均能呈现《村居》的情境，而鳄鱼沙件的摆放、超市沙件的设计等则与古诗内容相差甚远，学生不同的审美鉴赏能力已经一目了然。教师对学生沙件选择与摆放的引导，皆有助于不同水平的学生审美鉴赏能力的提升。

此外，描述环节不仅能呈现学生的审美鉴赏水平，还能体现学生的口语表达能力。如在教学过程中有两位同学的量词使用不当，将"一座塔"说成"一个塔"，"一只小鸡"说成"一个小鸡"，教师的及时纠正有助于学生对数量词的准确掌握，于细节处入手促进学生口语表达能力的提升。当然，在古诗沙游教学中还体现了学生的空间构图能力、实践操作能力、团队协作能力、心理健康程度等，但在语文实践活动中，其最终的目的还是服务于学生语文素养的提升。

作为大学生创新训练项目，这一教学实践探索取得了一定的成绩，也存在很多不足。在教学设计的科学性、教学流程的严谨性、教学应用的普适性等方面均有待于进一步论证与深化。

从以上两则教学案例可见，在小学古诗词教学中，无论是从信息化处理角度强化教学效果，还是从学科整合角度探索教学新路，均体现了鲜明的教学创新意识和实践探索精神。

三、教学建议

儿童古诗词教学古已有之，古代的童蒙教育有大量的相关教材，其中就不乏《千家诗》等经典之作传世。现代小学古诗词教学出现了突飞猛进的发展，涌现了自主学习教学、合作学习教学、探究性学习教学、综合性学习教学等不同的教学形式[①]。尤其是诗意语文教学对小学古诗词教学有较为深入的研究与实践，比较经典的代表性教学案例有王崧舟的《枫桥夜泊》[②]《墨梅》[③]等。另外，还出现了基于知识图谱的小学古诗翻转课堂教学模式研究[④]、

---

① 崔增亮. 小学古诗教学研究[M]. 北京：首都师范大学出版社，2007：324-373.

② 王崧舟，张卫其. 钟声出寒山，经典传千年——《枫桥夜泊》课堂教学实录[J]. 江苏教育，2010(01)：17-22.

③ 于万龙，倪秀琴. 诗的意象与诗的文化——王崧舟《墨梅》教学片断赏析[J]. 江苏教育，2020(17)：51-54.

④ 崔京菁，马宁，余胜泉. 基于知识图谱的翻转课堂教学模式及其应用——以小学语文古诗词教学为例[J]. 现代教育技术，2018(07)：44-50

小学古诗演绎教学研究①等新的研究视角。在具体的教学活动中，还应注意如下问题。

(1) 要明确古诗词诵读教学的目标。

诵读是古诗词教学的重要活动形式，为了提高学生的学习兴趣，教师一般能注意到采用多样化的教学形式，如竞赛读、开火车读、分角色读、齐读、范读、吟诵、朗诵等，但容易忽视诵读教学目标的明确化问题。在不同的教学情境下，诵读的教学目标是不同的。

在语文教学中，根据语文新课标的学段目标，不同学段的古诗词诵读目标不同。低年级学段侧重于在诵读中展开想象，体验诗人情感与诗作大意，高年级学段则不仅要在诵读中体悟诗作的内容与情感，还要注意古诗词的语调、韵律、节奏等形式问题。根据第二节对古诗词诵读的介绍可知，三个学段都以学生在诵读中体悟到古诗词的意蕴美为主要目标，但对高学段的学生来说，还要在诵读中兼顾到古诗词的语言形式美。

除了语文课程教学之外，在古诗词诵读校本课程中宜采用不同的教学目标。有的小学就确立了严格的考级制度，不同的级别有不同的考核标准。如青岛永宁路小学的诵读考级分三个等级，外加一个明星级，具体目标如下。

一星级要能够背诵、默写课本中的古诗文，并能说出古诗文大意。

二星级要能够背诵学校指定的古诗文，并能大致理解诗意。

三星级自选背诵古诗词五首、古文五篇。

在通过上述三级的基础上，学生可以申报"小明星"，一学期再自选背诵五首古诗词、五篇古文才能达到标准。

诵读考核评分标准分为三个方面，分别为衣着、举止，熟练、节奏，感情、表情，在不同的学段有不同的要求。以感情、表情而论，低学段要求感情饱满真挚，表情自然；中学段要求感情饱满真挚，有恰当的表情与动作，声情并茂；高学段在中学段的基础上还要求能和诵读内容完美地融为一体。②以上考级目标与评分标准体现了该校在经典诵读校本课程中对古诗词教学诵读目标的设定：学生诵读篇目要达到一定的数量；能理解古诗词大意；诵读呈现一定的表演性质。这些目标与语文课程的诵读目标相辅相成，并具有一定的拓展延伸性。

可见，在不同的教学情境下宜制定不同的诵读目标，有利于形成一个课内、课外融会贯通的古诗词诵读体系，从不同的角度完善对学生古诗词诵读能力的培养。

(2) 要突出古诗词审美鉴赏的自主化与个性化。

对学生古诗词审美鉴赏能力的培养是小学古诗词教学的重要内容，在教学中突出学生

① 冯铁山. 小学古诗文演绎教学：内涵、价值与课型[J]. 课程·教材·教法，2019(10)：104-110.
② 于艳. 三主式经典诵读教学法[M]. 济南：山东人民出版社，2015：118-121.

审美鉴赏的自主化与个性化尤其关键。诗歌教学应注意引导和激发学生发挥读诗的想象与理解，形成完整的审美。这种完整的审美包括两部分内容，一部分称为溯源性审美，指通过分析、归纳去寻求作者的原意，提炼作品的意义，欣赏作品的艺术；另一部分是生发性审美，指沉浸到作品之中，通过精神的游历与探险，形成独特的理解与感受。诗歌教学应努力兼顾这两部分审美能力的培养，尽可能地照顾到学生想象力以及直觉思维、形象思维能力的提升。[①]小学的古诗词审美鉴赏同样要突出对学生溯源性审美与生发性审美的培养，前者侧重于激发学生对古诗词展开自主探究的热情，后者侧重于培养学生形成对古诗词的个性化审美。两者的融合为一，才有利于学生形成对所学古诗词的整体感受，在潜移默化中提升其想象力、直觉思维能力与形象思维能力，从而有效地激发学生对古诗词的热爱，加深其对传统诗歌文化的体悟。

需要注意的是，幻灯、多媒体等现代化的教学手段在小学的古诗词教学中多有使用，这对增强教学的情境性、生动性无疑有着良好的作用，但也不宜过于滥用，否则会影响学生审美接受的自主化与个性化。中国古代就有"诗无达诂"之说，不同的读者经过审美想象之后会在头脑中形成不同的审美认知，这是由读者的人生经验和认知水平所决定的。在小学古诗词教学中滥用多媒体，会使学生对古诗词的感受定格化，形成先入为主或千篇一律的认知，从而失去审美鉴赏的自主性与独特的个性。

(3) 要加大对古诗词教学的创新力度。

目前普及的小学语文统编本教材增大了古诗词的编选数量，从"小学一年级开始就有古诗文，整个小学 6 个年级 12 册共选古诗文 124 篇，占所有选篇的 30%，比原有人教版增加 55 篇，增幅达 80%。平均每个年级 20 篇左右"[②]。这使古诗词教学的比重进一步加大，在小学传统文化教育中的位置也越发重要。在这一形势下，古诗词教学的锐意创新就显得更加重要。在本节的教学案例中，所选的两则案例并非经典而成熟的典型，但其共性的特点是具有鲜明的创新精神。案例一体现了古诗群文阅读教学中对沃克白板、平板电脑、动画素材库的运用，凸显了古诗教学与信息技术的深度融合。案例二体现了心理咨询技术在古诗教学中的应用，凸显了古诗教学与心理学的巧妙对接。从融合信息技术或学科整合的角度进行古诗词教学，是这两则教学案例探索的教学改革新途径。

教育信息化是 21 世纪世界教育发展的趋势之一，小学的古诗词教学也同样应重视对教学信息化的探索。随着 2020 年新冠病毒疫情的出现，探索线上信息化教学的新形式，开拓自媒体时代信息化教学的新途径，是当前小学古诗词教学改革与创新所面临的新课题。

---

① 温儒敏. 小学语文中的"诗教"[J]. 课程·教材·教法，2019(6)：6-7.
② 温儒敏. 部编本语文教材的编写理念、特色与适用建议[J]. 课程·教材·教法，2016(11)：6.

本章小结

　　古诗词是中国传统文化经典中的一部分，在中国古代文学发展史和蒙学发展史中均占有重要地位。经过先秦、两汉、魏晋南北朝、隋唐五代、宋、元、明、清等各个历史时期，古诗词的形式逐渐多样化，内容日益丰富，艺术日臻完善，其中有大量的篇目适合于当今的小学教学。在古代蒙学教材中，古诗类读物不乏流播广泛的经典，这类读物中也有不少篇目仍应用于当今的小学教学。

　　受小学生年龄特点与认知水平的影响，小学的古诗词审美鉴赏呈现出如下特点：以诵读为重要的审美鉴赏活动形式；以想象为主要的审美鉴赏途径；形成对古诗词意象与意境的初步审美体悟；凸显对古诗词语言美与意蕴美的把握。在具体的鉴赏活动中，可以先从不同的角度对古诗词进行分类，再根据作品类型展开鉴赏。如从情、景、事、理结合的角度进行分类，古诗词可以分为写景抒情类、叙事抒情类等不同的类型，从而形成不同的鉴赏角度。

　　小学古诗词教学重在培养学生的审美鉴赏能力，以促进其审美情趣的提升与人文底蕴的积淀，从而实现对传统诗歌文化的认知与传承。在教学中还应注意：明确古诗词诵读教学的目标；突出古诗词审美鉴赏的自主化与个性化；加大对古诗词教学的创新力度。

思考题

　　1. 简述中国古诗词的发展历程。

　　2. 任选一部古诗类蒙学经典，简述其在古代的流播特点及其在当代的应用价值。

　　3. 任选一首适合于小学生进行审美鉴赏的古诗词，对其意蕴美与语言美进行阐释。

　　4. 在小学语文统编本教材中任选一首古诗词展开教学分析，并写成一课时的教学详案。注意在教案中体现对本节教学建议的理解与思辨。

参 考 文 献

古代典籍与当代学术著作

1. 钱穆. 国学概论[M]. 上海：商务印书馆，1931.

2. 黄仲苏. 朗诵法[M]. 上海：开明书店，1936.

3. (清)阮元校刻. 十三经注疏[M]. 北京：中华书局，1980.

4. (清)永瑢. 纪昀等. 影印文渊阁四库全书[M]. 台北：台湾商务印书馆股份有限公司，1987.

5. 杨伯峻. 孟子译注[M]. 北京：中华书局，1960.

6. 朱东润. 中国历代文学作品选[M]. 上海：上海古籍出版社，1979.

7. 陈鼓应. 庄子今注今译[M]. 北京：中华书局，1983.

8. 萧涤非，程千帆，马茂元等. 唐诗鉴赏辞典[M]. 上海：上海辞书出版社，1983.

9. 缪钺，霍松林，周振甫等. 宋诗鉴赏辞典[M]. 上海：上海辞书出版社，1987.

10. 周汝昌，唐圭璋，宛敏灏等. 唐宋词鉴赏辞典[M]. 上海：上海辞书出版社，1988.

11. 张岱年等. 国学今论[M]. 沈阳：辽宁教育出版社，1991.

12. 张志公. 传统语文教育教材论[M]. 上海：上海教育出版社，1992.

13. 徐梓，王雪梅. 蒙学辑要[M]. 太原：山西教育出版社，1992.

14. 夏初，惠玲校释. 配图蒙学十篇[M]. 北京：北京师范大学出版社，1993.

15. 陈少松. 古诗词文吟诵研究[M]. 北京：社会科学文献出版社，1997.

16. 朱谦之. 老子校释[M]. 北京：中华书局，2000.

17. 王国维. 王国维文学论著三种[M]. 北京：商务印书馆，2001.

18. 章太炎. 国学略说[M]. 上海：上海文艺出版社，2001.

19. 绍南文化. 儿童中国文化导读[M]. 厦门：厦门大学出版社，2004.

20. (清)程登吉. 幼学琼林[M]. 长沙：岳麓书社，2002.

21. 胡晓明. 读经：启蒙还是蒙昧？——来自民间的声音[M]. 上海：华东师范大学出版社，2005.

22. 王践注译. 三字经·千字文[M]. 长沙：岳麓书社，2005.

23. 王践笺注. 百家姓[M]. 长沙：岳麓书社，2005.

24. 杨伯峻. 论语译注[M]. 北京：中华书局，2006.

25. 王国轩译注. 大学·中庸[M]. 北京：中华书局，2006.

26. 饶尚宽译注. 老子[M]. 北京：中华书局，2006.

27. 曹础基. 庄子浅注(修订重排本)[M]. 北京：中华书局，2007.

28. 崔增亮. 小学古诗教学研究[M]. 北京：首都师范大学出版社，2007.

29. 施忠连. 论语鉴赏辞典[M]. 上海：上海辞书出版社，2007.

30. 曹胜高. 国学通论[M]. 北京：北京大学出版社，2008.

31. 孙培青. 中国教育史[M]. 上海：华东师范大学出版社，2008.

32. 刘毓庆. 国学概论[M]. 北京：北京师范大学出版社，2009.

33. 郭兴良，周建忠. 中国古代文学作品选[M]. 北京：高等教育出版社，2009.

34. 方勇译注. 庄子[M]. 北京：中华书局，2010.

35. 蒋伯潜. 十三经概论[M]. 上海：上海古籍出版社，2010.

36. 梁涛，顾家宁. 国学问题争鸣集(1990—2010)[M]. 桂林：广西师范大学出版社，2010.

37. 陈晓芬，徐宗儒译注. 论语·大学·中庸[M]. 北京：中华书局，2011.

38. 周啸天. 元明清诗歌鉴赏辞典[M]. 北京：商务印书馆国际有限公司，2011.

39. 陈来. 北京·国学·大学[M]. 北京：北京大学出版社，2012.

40. 中华人民共和国教育部. 义务教育语文课程标准[S]. 北京：北京师范大学出版社，2012.

41. 徐梓. 中华蒙学读物通论[M]. 北京：中华书局，2014.

42. 章人英. 华夏文明圣火薪传[M]. 上海：生活·读书·新知三联书店，2015.

43. 于艳. 三主式经典诵读教学法[M]. 济南：山东人民出版社，2015.

44. 田立君. 小学国学校本课程设计与开发的行动研究[M]. 长春：东北师范大学出版社，2015.

期刊论文

45. 季羡林. "天人合一"方能拯救人类[J]. 哲学动态，1994(2).

46. 陈来. "国学热"与传统文化研究的问题[J]. 孔子研究，1995(2).

47. 王富仁. "新国学"论纲[J]. 社会科学战线，2005(3).

48. 黄济. 蒙养教育和蒙养教材[J]. 中国教师，2006(8).

49. 季羡林. 国学应该是"大国学"[J]. 紫光阁，2007(8).

50. 钟其鹏. 新时期国学教育述评[J]. 钦州学院学报，2008(1).

51. 刘梦溪. 到底什么是国学[J]. 北京观察，2014(11).

52. 温儒敏. 部编本语文教材的编写理念、特色与使用建议[J]. 课程·教材·教法，2016(11).

53. 仝建平. 贾存仁与《弟子规》成书[J]. 中国典籍与文化，2016(02).

54. 温儒敏. 小学语文中的"诗教"[J]. 课程·教材·教法，2019(6).